共建共治共享视阈的慈善事业发展研究

GONGJIAN GONGZHI GONGXIANG SHIYU DE CISHAN SHIYE FAZHAN YANJIU

谢菊 谢世麒 况由志 杨艳梅 等 ——著

重庆出版集团
重庆出版社

图书在版编目(CIP)数据

共建共治共享视阈的慈善事业发展研究 / 谢菊等著. —重庆:重庆出版社,2022.12

ISBN 978-7-229-17336-4

Ⅰ.①共… Ⅱ.①谢… Ⅲ.①慈善事业—发展—研究—中国 Ⅳ.①D632.1

中国版本图书馆CIP数据核字(2022)第248983号

共建共治共享视阈的慈善事业发展研究

GONGJIAN GONGZHI GONGXIANG SHIYU DE CISHAN SHIYE FAZHAN YANJIU

谢 菊 谢世麒 况由志 杨艳梅 等著

责任编辑:陈 琦 卢玫诗
责任校对:何建云
装帧设计:胡耀尹

重庆出版集团
重庆出版社 出版

重庆市南岸区南滨路162号1幢 邮政编码:400061 http://www.cqph.com

重庆出版社艺术设计有限公司制版

重庆恒昌印务有限公司印刷

重庆出版集团图书发行有限公司发行

E-MAIL:fxchu@cqph.com 邮购电话:023-61520646

全国新华书店经销

开本:890mm×1240mm 1/32 印张:9 字数:187千
2023年1月第1版 2023年1月第1次印刷
ISBN 978-7-229-17336-4
定价:32.00元

如有印装质量问题,请向本集团图书发行有限公司调换:023-61520678

版权所有 侵权必究

目 录

CONTENTS

第一章　导　言

本章作者

谢菊，全国基层政权与社区建设专家委员会专家委员，中共重庆市委党校（重庆行政学院）应急管理培训中心主任、教授。研究方向：社会组织和慈善组织发展，社会治理、基层治理和社区治理。

一、研究背景与目的

（一）研究背景

本研究以社会管理向现代社会治理转型过程中的慈善事业发展为关注点，以“共建共治共享拓展社会发展新局面”作为慈善事业研究的着力点，以“十四五”乃至更远时期的重庆市慈善事业发展作为落脚点。旨在通过“国家治理—社会建设—慈善事业—重庆样本”的递进式逻辑，从“国家治理能力和治理体系现代化”的全局视角思索重庆慈善事业的价值取向和发展走向，从重庆发展实践的微观视角探索当代慈善事业服务“共建共治共享社会发展新局面”的可能空间和可行路径。作为全国层面首个省级慈善事业发展专项规划，重庆相关发展实践既是研究团队建构理论后的实际应用对象，也是持续激励、启示研究团队开展慈善事业研究的直接动力来源。同时，本研究致力于统合常态和非常态下的社会治理研究视角，将新冠疫情防控背景下的社会治理需求和社会建设实践一并纳入研究视野，从而在回应时代特征的同时提升研究成果的解释能力。

新中国成立以来，特别是自1978年改革开放后，我国社会建设领域取得了系列成就。在此基础上，形成了打造“共建共治共享”的社会治理格局等党中央的重大理论创新成果，已成为新时代社会发展的必然要求。

从历程来看，2013年党的十八届三中全会第一次明确提出“社会治理”的概念，党的十九大提出“打造共建共治共享的社会治理格局”，要求“加强社会治理制度建设，完善党委领导、政府负责、社会协同、公众参与、法治保障的社会治理体制，提高社会治理社会化、法治化、智能化、专业化水平”。党的十九届四中全会提出“坚持和完善共建共治共享的社会治理制度”，要求“加强和创新社会治理，完善党委领导、政府负责、民主协商、社会协同、公众参与、法治保障、科技支撑的社会治理体系，建设人人有责、人人尽责、人人享有的社会治理共同体”。2020年8月习近平在中南海主持召开的经济社会领域专家座谈会上强调，要以共建共治共享拓展社会发展新局面。2021年3月11日十三届全国人大四次会议表决通过的《中华人民共和国国民经济和社会发展第十四个五年规划和2035年远景目标纲要》明确提出“增进民生福祉。提升共建共治共享水平”，要求“坚持尽力而为、量力而行，健全基本公共服务体系，加强普惠性、基础性、兜底性民生建设，完善共建共治共享的社会治理制度，制定促进共同富裕行动纲要，自觉主动缩小地区、城乡和收入差距，让发展成果更多更公平惠及全体人民，不断增强人民群众获得感、幸福感、安全感”①。2021年4月发布的《中共中央、国务院关于加强基层治理体系和治理能力现代化建设的意见》提出“坚持共建共治共享，建设人人有责、人人尽责、人人享有的基层治理共同体”的要求。

从常态和应急状态下的治理要求来看，2020年11月中央

①《人民日报》，2021年3月13日，第1版。

政治局就我国应急管理体系和能力建设进行第十九次集体学习时，习近平强调，“应急管理是国家治理体系和治理能力的重要组成部分，承担防范化解重大安全风险、及时应对处置各类灾害事故的重要职责，担负保护人民群众生命财产安全和维护社会稳定的重要使命”。要发挥我国应急管理体系的特色和优势，借鉴国外应急管理有益做法，积极推进我国应急管理体系和能力现代化。2021年1月中央政治局召开会议，要求健全党组织领导的自治、法治、德治相结合的基层治理体系，构建常态化管理和应急管理动态衔接的基层治理机制，推进基层治理体系和治理能力现代化建设。上述政策为慈善事业在各种状态下动员整合社会资源、全面融入国家治理体系和治理能力现代化进程、全面参与中国特色社会主义新时代建设提供了重大机遇、方向指引和行动指南。

慈善是一种基于人性光辉的选择，也是一种古老且普遍的民间救济行为。作为一项“利国利民的民间公益事业”，近年来在政策视野中的分量日益加大。2004年党的十六届四中全会明确提出要“健全社会保险、社会救助、社会福利和慈善事业相衔接的社会保障体系”，这是慈善事业“作为社会保障体系的重要组成部分”在党的重要决议中首次出现。党的十八大报告明确提出“完善社会救助体系，健全社会福利制度，支持发展慈善事业”，党的十九大报告提出“要完善社会救助、社会福利、慈善事业、优抚安置等制度，健全农村留守儿童和妇女、老年人关爱服务体系”，十九届四中全会提出“要统筹完善社会救助、社会福利、慈善事业、优抚安置等制度”，“重视发挥第三次分配作用，发展慈善等社会公益事业”，十九届五中全会进一步明确要求“发挥第三次分配作用，发展慈善事业，改善收入和财富分配格局”，将发展慈善事业视为实现共同富裕的重要路径。2021年3月11日十三届全国人大四次会议表决通过的《中华人民共和国国民经济和社会发展第十四个五年规划和2035年远景目标纲要》明确提出“加大税收、社会保障、转移支付等调节力度和精准性，发挥慈善等第三次分配作用，改善收入和财富分配格局”，“全面激发基层社会治理活力”，“培育规范化公益慈善组织”。上述系列方针政策是党和国家赋予慈善事业在国家治理和社会治理格局中的精准定位和具体要求。值此背景下，开展“共建共治共享视阈下的慈善事业发展”为主题的研究，有着重要的现实意义。

开展以“共建共治共享视阈下的慈善事业发展”为主题的研究，既需要系统的社会建设和慈善发展的基础理论研究，更需要聚焦微观的现实样本研究。重庆是西部大开发的重要战略支点、“一带一路”和长江经济带的联结点，在国家区域发展和对外开放格局中具有独特而重要的作用。重庆加快建设内陆开放高地、山清水秀美丽之地，努力推动高质量发展、创造高品质生活，内蕴着对“以共建共治共享推进慈善事业发展”的迫切需要；重庆作为中国的缩影，“以共建共治共享推进慈善事业发展”的探索，既有共性又有自身特点，既体现着社会建设中重庆慈善力量的成长和历史担当，又有可圈可点的地方特色和地方经验。《共建共治共享视阈下的慈善事业发展研究》旨在客观反映重庆慈善事业在推进社会建设和社会治理过程中，满足人民群众日益增长的物质文化、创造美好生活的实践经验与未来取向，以期为国家层面和各地“以共建共治共享推进慈善事业发展”提供新的研究视角和成果。

（二）内容结构

除第一章导言外，《共建共治共享视阈的慈善事业发展研究》还包括以下部分。

第二章“以共建共治共享促进重庆慈善事业发展的逻辑意蕴”。本章尝试从理论和实践两个层面，呈现以共建共治共享推进重庆慈善事业发展的重要性，以及重庆的具体探索，并形成了相应的研究观点。也就是以共建共治共享推进重庆慈善事业发展是党中央的新要求、慈善事业发展的新期盼和应对风险社会挑战的新需要。本章从法制建设推进慈善事业共建、多元社会力量参与推进慈善事业共治、“第三次分配”促进慈善事业共享等三个方面，总结了重庆以共建共治共享推进慈善事业发展的主要成绩，分析了目前存在的主要问题，提出了重庆推进慈善事业发展的建议。希望通过出台促进慈善事业发展的地方法规政策、大力发展慈善组织、厚植重庆慈善文化等举措，进一步推进重庆慈善事业新发展。

第三章“‘十四五’时期重庆市慈善事业发展的背景与使命”。本章梳理了“十三五”时期重庆的慈善事业发展情况，提炼了重庆慈善事业发展存在的问题，提出了“十四五”时期重庆慈善事业发展的使命和目标。

第四章“‘十四五’时期重庆慈善事业发展的路径研判”。本章立足于重庆慈善事业的客观发展情况，对“十四五”时期重庆慈善事业发展的重点任务、预期指标、实施路径作了研判，提出了“十四五”时期重庆慈善活动指数、慈善组织指数、慈善贡献指数、慈善影响指数、慈善透明指数和慈善发展指数六类指标。

第五章“重庆市‘十四五’时期慈善事业专项规划”。本章提出了“十四五”时期推动重庆慈善事业高质量发展的奋斗目标、总体思路、重点任务、主要工作和保障机制。作为全国省级层面首个慈善事业发展专项规划，既是“将慈善事业规划从经济社会发展总体规划中单独析出”的探索，旨在从方法论和政策设计中形成尝试；也是出于“分享初步成形的政策研究文本”供相关地方和部门参照的考虑，旨在从样本性和经验性等角度作出本研究的边际贡献。

第六章“慈善组织参与乡村治理的优化路径——来自重庆秀山Y村的调研”。为研究慈善组织参与乡村治理，课题组以位于重庆市东南部秀山的土家族苗族自治县Y村为个案，围绕慈善组织参与乡村治理的实践情况与存在问题开展了专题调研，作为本研究的案例性成果。Y村在区位分布、自然资源以及人居特征等方面都极具中西部欠发达地区乡村的综合特征，加之少数民族聚居和多省毗邻的独特优势，因此将Y村作为本研究的目标对象具有一定代表性意义和现实价值。

第七章“两个轮子一起转　迈上互联网募捐新台阶”。本章是对2015年以来重庆推进“互联网+慈善”实践的真实记录。

本书还有四个附录成果，即重庆“互联网+慈善”大事记，重庆市主要慈善组织名单，重庆市人民政府关于表彰首届重庆慈善奖的通报，重庆市人力资源和社会保障局、重庆市民政局关于表彰2019年重庆慈善奖获得者的决定等文件和资料，以期呈现更为鲜活的重庆慈善事业发展侧面，供读者参阅。

（三）研究目的

第一，以理论研究为起点，梳理当代我国“以共建共治共享促进慈善事业发展”的客观背景，从数量、类型、价值理念等维度揭示新时代慈善相关法规政策的调整脉络，透析其对慈善事业发展的影响，形成对未来慈善事业政策发展的综合研判。

第二，以规划研究为着力点，通过为重庆市和相关城区编制慈善事业发展规划、社会治理规划等实践，形成与重庆“以共建共治共享推进慈善事业”的进程相衔接，与“十四五”乃至更远时期的慈善事业发展需求相对接的应用性成果。

第三，以实践研究为落脚点，重庆是西部唯一的直辖市，其独特的地理环境、历史文化传统和慈善发展进程，既是重庆慈善事业发展的“文化基因”，也使重庆慈善事业发展呈现出自身独有的特点，挖掘重庆慈善事业发展规律，以期为其他省市慈善事业发展提供重要参考。

（四）研究方法

1. 基于文献的整合式研究

本研究以文献资料研究为基础。研究资料来源主要包括相关法规政策文件、公开出版的书籍刊物、公开发表的学术论文和工作报告等。

2. 基于跨学科的交叉式研究

慈善事业发展研究涉及政治学、社会学、公共管理学、法学、历史学、公共卫生学等领域，本研究以跨学科视野实现了对整体思路的把握，并力争实现方法论创新。

3. 基于一手调研数据的印证式研究

本研究以逾万份问卷为依托，形成了“区县—镇街—社区—社区工作者”四个层面的调研结果，采用“同口径、同指向”的问卷设计方法，在多层级数据样本相互印证中刻画客观现实，以期反映共建共治共享推进慈善事业发展的现实样态与发展诉求。

二、本研究对慈善事业发展的基本认识

（一）对慈善内涵的认知

商务印书馆出版的《现代汉语词典》对“事业”的解释是：人所从事的、具有一定目标、规模和系统而对社会发展有影响的经常活动。本研究认为，慈善事业就是慈善行为的规模化、系统化和发展性。《中华人民共和国慈善法》第三条将“慈善活动”定义为自然人、法人和其他组织以捐赠财产或者提供服务等方式，自愿开展的扶贫、济困；扶老、救孤、恤病、助残、优抚；救助自然灾害、事故灾难和公共卫生事件等突发事件造成的损害；促进教育、科学、文化、卫生、体育等事业的发展；防治污染和其他公害，保护和改善生态环境等公益活动。因此，既可以从关注的内容角度，将慈善事业分为两个方面，一是对社会弱势群体的扶助，解决的是人类的生存问题；二是对教育、科学、环境等社会事业的推动和资助，解决的是人类的发展问题。另外，还可以从事物发展状态的视角，将慈善事业分为两个方面，一是对常态下人类生存和发展问题的扶助或资助，二是对非常态即应急状态下人类生存和发展问题的扶助或资助。为此，本书兼顾了“兜底性保障”和“发展性扶持”的双重视角，也同时将常态和非常态下的重庆慈善事业发展一并纳入研究范畴。

（二）对慈善主体的认识

在慈善事业的诸多相关方中何为主体，是必须做出明确回答的现实问题。郑功成认为慈善事业有六个本质特征，即以社会成员的善爱之心为道德基础、以贫富差距的存在为社会基础、以社会捐献为经济基础、以民间机构为组织基础、以捐献者的意愿为实施基础、以社会成员的普遍参与为发展基础[①]。本研究也认为，慈善主体是民间社会而非政府，政府通过财政拨款、公共机构主办、法律制度保障为社会成员提供基础保障，社会则以独特的资源配置形式，自主、灵活、专业地促成第三次分配，有针对性地化解社会问题，包括慈善组织在内的社会组织是最重要的慈善主体。企业以“取之于社会，回报于社会”的积极心态为慈善事业提供资源支持，是发展慈善事业的重要力量。社会各界爱心人士的参与，是慈善事业发展的重要基础。

①郑功成：《当代中国慈善事业》，人民出版社2012年版，第4页。

（三）对慈善参与的认识

慈善事业发展需要遵循其基本规律，需要全社会的共同参与和社会多方的资源合作，需要建构良好的慈善参与机制，在这方面，政府肩负着法规制度建设的重任。近年来，体制内外对政府职能转变、共建共治共享的社会治理格局、现代社会组织体制、打造社会治理共同体等相关重要问题的认识不断深化。2006年党的十六届六次会议专门研究构建和谐社会问题，提出创新社会管理体制，健全党委领导、政府负责、社会协同、公众参与的社会管理格局，这是中央首次提出社会管理中的“社会参与”。2007年党的十七大提出“加快推进以改善民生为重点的社会建设”，着力保障和改善民生，完善社会管理，促进社会公平正义。2012年党的十八大提出“加快形成政社分开、权责明确、依法自治的现代社会组织体制”，提高社会管理科学化水平，充分发挥群众参与社会管理的基础作用等。2013年党的十八届三中全会第一次提出“推进国家治理体系和治理能力现代化”，明确要求“正确处理政府和社会关系，加快实施政社分开，推进社会组织明确权责、依法自治、发挥作用”。2017年党的十九大、2019年党的十九届四中全会、《中华人民共和国国民经济和社会发展第十四个五年规划和2035年远景目标纲要》和《中共中央、国务院关于加强基层治理体系和治理能力现代化建设的意见》都强调了社会治理中的社会协同和公众参与，反映出国家在慈善事业发展领域的持续探索。社会参与的理念更加清晰，也要求国家下大力气加大慈善相关法规政策制定的力度，以促进慈善参与，推动慈善事业的发展。

三、本研究的基本原则

（一）忠实于客观事实

本研究首次对新时代共建共治共享推进重庆慈善事业发展进行全景式扫描和系统分析，一定程度上填补了重庆慈善事业发展相关研究领域的空白，也尝试为重庆乃至于全国慈善事业发展提供参照。忠实客观事实，才能为上述作用的发挥打下坚实基础。

（二）侧重于十八大以后的新时代

本研究重点是研究共建共治共享推进慈善事业的发展，“共建共治共享”是新时代社会治理的重要内容，随着社会治理相关政策的推行，慈善事业在补充社会保障体系、提升民众生活品质方面发挥着越来越重要的作用。因此，本研究侧重于十八大以后的新时代。

（三）致力于寻求慈善事业发展的规律

本研究围绕全局与一域、共性与个性等关联性维度，着力对新时代重庆共建共治共享推进慈善事业发展进行研究，希望能以重庆一域之发展研究为样本，探求中国慈善事业发展的规律。

第二章　以共建共治共享促进重庆慈善事业发展的逻辑意蕴

本章作者

谢菊，全国基层政权与社区建设专家委员会专家委员，中共重庆市委党校（重庆行政学院）应急管理培训中心主任、教授。研究方向：社会组织和慈善组织发展，社会治理、基层治理和社区治理。

慈善事业是社会建设的重要内容。自1994年2月《人民日报》发表“为慈善正名”的社论、1994年4月第一个全国性综合慈善组织中华慈善总会成立以来，国家在此之后出台关于慈善组织发展与管理、捐赠管理、慈善公益款项税收优惠等系列政策，2001年第九届全国人大第四次会议批准的《国民经济和社会发展第十个五年计划纲要》首次提出“发展慈善事业”，我国慈善事业发展迎来了新的机遇。党的十九大在提出提高保障和改善民生水平，完善慈善事业制度的同时，要求加强和创新社会治理，打造共建共治共享的社会治理格局。

与国家慈善事业发展相对应，1994年11月，重庆市民政局以重民社团（94）137号文批复准予成立重庆市慈善会。近年来，重庆市政府以法规政策促进慈善事业共建，以多元社会力量参与促进慈善事业共治，以“第三次分配”促进慈善事业共享，成效显著。着眼“十四五”时期乃至长远发展，下一步，重庆还需要进一步完善慈善法规政策，大力发展慈善组织，厚植重庆慈善文化，推动重庆慈善事业的更大发展。

一、以共建共治共享促进慈善事业发展的时代逻辑

（一）共建共治共享是党中央的新要求

自2013年党的十八届三中全会第一次明确提出“国家治理”“政府治理”“社会治理”等重要概念之后，社会治理引起了广泛关注。“打造共建共治共享的社会治理格局”最早出

现在党的十九大报告中，中央要求“加强社会治理制度建设，完善党委领导、政府负责、社会协同、公众参与、法治保障的社会治理体制，提高社会治理社会化、法治化、智能化、专业化水平”。党的十九届四中全会进一步提出“坚持和完善共建共治共享的社会治理制度”，要求“加强和创新社会治理，完善党委领导、政府负责、民主协商、社会协同、公众参与、法治保障、科技支撑的社会治理体系，建设人人有责、人人尽责、人人享有的社会治理共同体”。从打造“社会治理格局”到完善“社会治理制度”“建设社会治理共同体”，清晰呈现了国家关于社会治理的重要路径和目标。2020年8月24日，习近平总书记在中南海主持召开经济社会领域专家座谈会时强调，要以共建共治共享拓展社会发展新局面，要完善共建共治共享的社会治理制度，更加注重维护社会公平正义，促进人的全面发展和社会全面进步，将“共建共治共享”与“人的全面发展和社会全面进步”紧密相连。《中华人民共和国国民经济和社会发展第十四个五年规划和2035年远景目标纲要》进一步明确提出“增进民生福祉。提升共建共治共享水平”，要求“坚持尽力而为、量力而行，健全基本公共服务体系，加强普惠性、基础性、兜底性民生建设，完善共建共治共享的社会治理制度，制定促进共同富裕行动纲要，自觉主动缩小地区、城乡和收入差距，让发展成果更多更公平惠及全体人民，不断增强人民群众获得感、幸福感、安全感”①。因此，共建共治共享是中央对我国进入新发展阶段社会发展提出的新要求。

① 《人民日报》，2021年3月13日，第1版。

“共建”强调多元主体共同参与社会建设，解决的是社会建设多元格局问题。社会建设不只是党委和政府的责任，更是社会各方的责任，要充分认识社会力量在社会建设中的重要作用。对慈善事业来说，是要在扶贫、济困、扶老、救孤、恤病、助残、优抚等慈善领域，为市场主体和其他社会力量发挥作用创造更好的制度环境。“共治”强调共同参与社会治理，解决的是社会治理结构体系问题。随着我国社会主要矛盾的变化，人们对民主、法治、公平、正义、安全环境的要求越来越高。这就要求党委政府坚持多元治理格局，完善多元参与机制，为社会力量参与社会治理创造条件。对慈善事业来说，是要在国家的制度框架下，让慈善组织、企业和民众充分发挥其作用，推进慈善事业的健康发展。“共享”强调共同分享社会建设成果，解决的是社会建设和社会治理的目标问题。中央明确提出坚持把实现好、维护好、发展好最广大人民根本利益作为发展的出发点和落脚点，促进共同富裕。对慈善事业来说，要树立现代慈善意识，完善慈善组织管理，大力推进志愿服务，促进慈善事业健康发展，使其真正成为社会保障体系的重要组成部分。

（二）共建共治共享是慈善事业发展的新期待

慈善事业是利国利民的民间公益事业，是我国社会建设和多层次社会保障体系的重要内容。我国的社会保障制度建设始于1986年“七五计划纲要”，六届全国人大四次会议通过的《国民经济和社会发展第七个五年发展计划纲要》明确提出，“建立健全社会保障制度，进一步发展社会福利事业，继续做好优抚、救济工作”；“要通过多种渠道筹集社会保障基金，改革社会保障管理体制，坚持社会市域化管理与单位管理相结合，以社会化管理为主”。这是国家第一次明确提出社会保障的概念，并专章说明社会保障改革及其社会化的要求。2004年党的十六届四中全会明确提出要“健全社会保险、社会救助、社会福利和慈善事业相衔接的社会保障体系”，首次在党的重要决议中，将慈善事业作为社会保障体系的重要组成部分。党的十七届五中全会提出“大力发展慈善事业”的要求，党的十八大报告指出，“完善社会救助体系，健全社会福利制度，支持发展慈善事业”，党的十九大报告指出，“要完善社会救助、社会福利、慈善事业、优抚安置等制度，健全农村留守儿童和妇女、老年人关爱服务体系”，继续强调了慈善事业对社会保障的补充作用。十九届四中全会提出，“要统筹完善社会救助、社会福利、慈善事业、优抚安置等制度”，“重视发挥第三次分配作用，发展慈善等社会公益事业”；十九届五中全会进一步明确，“发挥第三次分配作用，发展慈善事业，改善收入和财富分配格局”，清晰传递了国家赋予慈善事业在国家治理格局中“第三次分配”的新定位。

作为对“一次分配”和“二次分配”的补充，慈善事业对缩小社会差距，实现更合理的收入分配和公平有着重要作用。如1989年3月由共青团中央发起成立的全国性公募基金会中国青少年发展基金会（简称“中国青基会”），以“通过资助服务、利益表达和社会倡导，帮助青少年提高能力，改善青少年成长环境”为使命。1989年10月，共青团中央、中国青少年发展基金会发起实施希望工程，为农村贫困家庭的学生提供义务教育资助，效果明显。截至2020年，全国希望工程累计捐赠收入175.8亿元，资助困难学生639.7万名，援建希望小学20593所[①]，有效推动了农村贫困地区的教育事业发展，成为我国极具社会影响力和广泛社会参与的慈善事业之一。

慈善事业的健康发展，需要源源不断的慈善资源支持。其中，既包含金钱、物资等捐赠资源的汇集，还需要慈善组织、企业等社会力量的积极参与，以及民众慈善意识、企业社会责任感等构成的慈善文化支撑。新中国成立70余年以来，中华民族迎来了从站起来、富起来到强起来的伟大飞跃，今天我国的经济实力、科技实力、综合国力跃上了新的台阶，我国社会主要矛盾已经转化为人民日益增长的美好生活需要和不平衡不充分的发展之间的矛盾。人民不仅对物质文化生活提出了更高要求，而且在民主、法治、公平、正义、安全环境等方面的要求日益增长，共建共治共享推进我国慈善事业发展，适应了我国社会主要矛盾的变化，具有现实的可能性。

（三）共建共治共享是应对风险社会挑战的新需要

灾难是人类生活的一部分。人类发展的历史，就是一部与灾难抗争的历史。新中国成立后，国家高度重视防灾减灾、安全生产、传染病防治和社会稳定工作。2018年3月，中

① 中国青少年发展基金会官网，https：//www.cydf.org.cn/Abouts/。

央印发《深化党和国家机构改革方案》，组建应急管理部。2019年1月习近平总书记在省部级主要领导干部“坚持底线思维着力防范化解重大风险”专题研讨班开班式上指出，要把防风险摆在突出位置，对防范化解重大风险做出部署。同年11月29日下午，中共中央政治局就我国应急管理体系和能力建设进行第十九次集体学习。习近平在主持学习时强调，应急管理是国家治理体系和治理能力的重要组成部分，要发挥我国应急管理体系的特色和优势，借鉴国外应急管理有益做法，积极推进我国应急管理体系和能力现代化。社会动员体系是我国应急管理体系的重要组成部分，按照“打造共建共治共享的社会治理格局”的要求，完善社会力量和市场力量有序参与机制，是完善我国应急管理体制机制的重要内容。

2021年4月28日，《中共中央、国务院关于加强基层治理体系和治理能力现代化建设的意见》指出，坚持共建共治共享，建设人人有责、人人尽责、人人享有的基层治理共同体。力争用5年左右时间，健全常态化管理和应急管理动态衔接的基层治理机制。同时，还提出“发展公益慈善事业。完善社会力量参与基层治理激励政策，创新社区与社会组织、社会工作者、社区志愿者、社会慈善资源的联动机制，支持建立乡镇（街道）购买社会工作服务机制和设立社区基金会等协作载体，吸纳社会力量参加基层应急救援”的具体要求。2021年7月29日，民政部社会组织管理局根据全国多地进入防汛关键期和台风多发期，防汛救灾任务十分严峻的形势，发布《关于引导动员社会组织积极参与防汛救灾的通知》。要求受灾地区社会组织把防汛救灾作为当前首要任务，积极配合当地党委政府做好相关工作；非受灾地区社会组织要发挥一方有难、八方支援，守望相助、共渡难关的奉献精神，帮助和支持灾区防汛救灾，充分体现了国家对包括慈善组织在内的社会组织应急功能的重视和应急能力的认可。

二、重庆以共建共治共享促进慈善事业发展的实践逻辑

重庆位于中国内陆西南部、长江上游地区。面积8.24万平方公里，辖38个区县（26个区、8个县、4个自治县）。常住人口3205.4万人、城镇化率69.46%。重庆是一座独具特色的“山城”，地貌以丘陵、山地为主，其中山地占76%；重庆又是一座独具特色的“江城”，长江横贯全境，流程691公里，与嘉陵江在重庆市中区朝天门交汇，形成了长江上起九龙坡西彭镇，下至江北区五宝镇；嘉陵江上起北碚城区，下至渝中区朝天门的区域，河道中心线长约180公里，两侧岸线长约394公里的著名“两江四岸”地区[①]；重庆还是文字记载历史达3000多年的著名历史文化名城，是巴渝文化的发祥地，也是我国目前行政辖区最大、人口最多、管理行政单元最多的特大型城市。改革开放以后特别是重庆直辖以来，慈善组织已成为重庆社会建设的一支重要力量，在打造共建共治共享社会治理格局、建设社会治理共同体中发挥着独特作用，重

① 重庆市城乡建设委员会、重庆市交通委员会、重庆市国土资源和房屋管理局、重庆市规划局《关于暂缓主城区“两江四岸”地区开发建设活动的通知》（渝建〔2018〕254号）。

庆慈善事业取得了全方位的进步。

（一）法规政策推进慈善事业共建

2011年7月发布的《中国慈善事业发展指导纲要（2011—2015年）》提出，中国慈善事业发展坚持“党委领导、政府推动、民间运作、行业发展、制度规范、全民参与”的发展方针、“政府监管、民间运作、行业自律、社会监督”的慈善事业管理体制和运行机制，以及“制度完善、作用显著、管理规范、健康有序的慈善事业发展格局”。制定促进慈善事业发展的法律、法规和政策，加强对各类慈善事业主体的指导、支持和监管，是我国政府在慈善事业发展上的主要角色和责任。据不完全统计，重庆直辖以来，重庆市委市政府及相关部门在社会团体、基金会、社会服务机构等重要慈善主体，以及慈善相关领域的制度建设方面，共制定出台相关地方性法规、规章及规范性文件70余项。相关法规政策相继出台，规范和促进了重庆慈善事业的发展。

1.关于促进慈善事业健康发展的法制建设

2007年，为贯彻党的十六届六中全会关于“发展慈善事业，完善社会捐赠免税减税政策，增强全社会慈善意识”，1月22日出台《重庆市人民政府关于加强慈善工作的意见》（渝府发〔2007〕15号）。根据《国务院关于促进慈善事业健康发展的指导意见》（国发〔2014〕61号），又于2015年7月10日发布《重庆市人民政府关于促进慈善事业健康发展的实施意见》（渝府发〔2015〕44号）。上述法规政策明确将“突出扶贫济困、坚持改革创新、确保公开透明、强化规范管理”作为重庆慈善事业发展的基本原则，要求“到2020年，慈善理念深入人心，体制机制协调顺畅，扶持政策基本完善，监管体系健全有效，慈善活动公开透明，慈善行为规范有序，社会捐赠积极踊跃，志愿服务广泛开展，慈善事业成为社会救助和社会福利体系的有力补充，成为富民兴渝的重要力量”。为此，要求营造全社会积极参与慈善的良好氛围、鼓励和支持开展慈善活动、培育和规范各类慈善组织、强化对慈善组织和慈善活动的监督管理、设立每两年评选表彰一次的“重庆慈善奖”，对促进重庆慈善事业发展发挥了重要指导作用。

2.关于培育和规范各类慈善组织的法制建设

据不完全统计，重庆市人民政府相关部门先后制定出台10个文件（详见表2-1），主要包括社区社会组织培育发展和管理、城乡养老机构服务管理、全市乡镇（街道）稻草援助中心登记、教育类社会团体基金会管理、扶持发展社会办养老机构、四类社会组织直接登记等内容。特别是关于为老年人提供住养、生活护理、康复、托管等服务的城乡养老机构的培育和规范，重庆市政府先后两次发文，要求市和区县（自治县）人民政府根据经济社会发展、人口老龄化和养老服务的需求状况，制订养老机构发展规划，并纳入当地经济社会发展规划。同时提出养老机构的发展坚持政府举办和社会兴办相结合、政府扶持和市场推动相结合的原则，鼓励集体、村（居）民自治组织、社会团体、企事业单位、个人和外资以多种形式兴办养老机构，捐资、捐物支持养老机构的发展，对于促进重庆养老事业的发展发挥了重要作用。

表2-1　重庆有关慈善组织的法规政策文件

序号	文件名称	文号
1	重庆市民政局关于社区民间组织培育发展和管理的指导意见	渝民发〔2005〕104号
2	重庆市民政局关于进一步加强社区民间组织培育发展和管理的通知	渝民发〔2006〕202号
3	重庆市城乡养老机构服务管理办法	重庆市人民政府令第214号
4	重庆市民政局关于做好全市乡镇(街道)稻草援助中心登记工作有关问题的通知	渝民发〔2007〕201号
5	重庆市教育委员会关于加强社会团体基金会管理的通知	渝教办〔2010〕14号
6	重庆市人民政府办公厅关于扶持发展社会办养老机构的意见	渝办发〔2012〕252号
7	重庆市民政局关于开展四类社会组织直接登记工作的通知	渝民发〔2014〕76号
8	重庆市民政局、重庆市精神文明建设委员会办公室、中共重庆市委政法委员会、重庆市司法局重庆市文化和旅游发展委员会、重庆市体育局、共青团重庆市委员会、重庆市妇女联合会、重庆市残疾人联合会关于大力培育发展社区社会组织的实施意见	渝民发〔2018〕36号
9	重庆市民政局关于规范和发展民办社会工作服务机构的意见	渝民发〔2018〕39号
10	重庆市养老机构管理办法	渝府令〔2019〕326号

3.关于慈善服务和管理的法制建设

据不完全统计，重庆市人民政府相关部门先后制定出台45个相关文件（详见表2-2）。其中，涉及临时救助和脱贫攻坚的有17个，占比37.78%；涉及儿童安置与教育、养老服务的各有10个，占比均为22.22%。内容涵盖农村留守老人、妇女和儿童，以及贫困残疾人、重度残疾人、孤残儿童、艾滋病病毒感染儿童、事实无人抚养儿童、因突发事件影响造成监护缺失未成年人、流浪乞讨人员等的关爱和救助。从文件出台时间看，2012年以来出台文件的数量最多，共计41项，占比91.11%，显示出重庆市委市政府对中央精神的认真贯彻、重庆市经济社会快速发展对慈善事业的有力支撑、重庆市慈善服务和管理水平的提升。如重庆市政府为了贯彻落实中共中央办公厅、国务院办公厅《关于改革完善社会救助制度的意见》（中办发〔2020〕18号）精神，在全市实施“民政惠民济困保”项目。该项目坚持政府主导、市场运作、责任共担、共同推进的原则，在现有社会救助的基础上，发挥商业保险覆盖面广、保障全面、赔付快捷的优势，通过政府购买服务的方式，为重点民政救助对象和部分享受国家定期抚恤补助的优抚对象购买综合性商业保险。“民政惠民济困保”参保对象为全市纳入民政救助的低保对象、特困人员、孤儿、事实无人抚养儿童以及全市部分享受国家定期抚恤补助的优抚对象等5类；参保时间为2020年11月1日至2021年12月31日；参保标准为120元/（人·年）（即每人每月10元），由市民政局统一为符合条件的参保对象购买；保障范围包含小额意外、大病补充、疾病身故、学生重大疾病、困难人群升学补助金等5大类；承保保险公司承担小额意外、大病补充、疾病身故、学生重大疾病、困难人群升学补助金等责任。重庆市还要求慈善组织、红十字会依法开展募捐，不得摊派或变相摊派。同时，要切实规范慈善捐赠款物管理，将慈善捐赠款物全部纳入本单位财务集中管理、统一核算，做到手续完备、专项管理、账实相符、账目清楚，加强规范慈善捐赠款物的管理使用。系列法规政策的出台，有效推进了重庆的慈善服务和管理水平。此外，2021年7月，重庆市民政局牵头起草的三个政策文件面向社会公开征求意见建议，即《重庆市民政局、重庆市发展改革委、重庆市财政局关于规范公办养老机构公建民营行为的指导意见（征求意见稿）》《关于巩固拓展脱贫攻坚兜底保障成果进一步做好困难群众基本生活保障工作的通知（征求意见稿）》《重庆市民政局关于切实做好经营性公墓审批监管工作的通知（征求意见稿）》。

表2-2　重庆有关慈善服务和管理的法规政策文件

序号	文件名称	文号
1	重庆市民政局、重庆市教育委员会关于国办福利机构中适龄儿童接受义务教育有关问题的通知	渝民发〔2007〕4号
2	重庆市民政局等5机关关于做好国办福利机构中孤残儿童安置工作的通知	渝民发〔2007〕95号
3	重庆市民政局、重庆市财政局关于免除城乡困难群众基本丧葬服务费的通知	渝民发〔2009〕134号
4	重庆市民政局、重庆市财政局关于建立孤儿基本生活费发放制度的通知	渝民发〔2010〕184号
5	重庆市民政局、重庆市财政局关于提高儿童福利机构集中供养孤残儿童基本生活费标准的通知	渝民发〔2012〕122号
6	重庆市人民政府关于加快推进养老服务业发展的意见	渝府发〔2014〕16号
7	重庆市财政局、重庆市教育委员会关于进一步做好学前教育家庭经济困难幼儿资助工作的通知	渝财教〔2014〕279号
8	重庆市人民政府关于进一步健全临时救助制度的通知	渝府发〔2015〕16号
9	重庆市卫生和计划生育委员会、重庆市民政局关于设立首批社会组织参与艾滋病防治工作培育基地的通知	渝卫疾控发〔2015〕63号

续表

序号	文件名称	文号
10	重庆市民政局、重庆市扶贫开发办公室、重庆市工商业联合会、重庆市红十字会、重庆市慈善总会关于广泛动员社会组织和慈善力量参与扶贫攻坚工作的通知	渝民发〔2015〕80号
11	重庆市人民政府关于进一步健全特困人员救助供养制度的实施意见	渝府发〔2016〕47号
12	重庆市人民政府办公厅转发市卫生计生委等部门关于推进医疗卫生与养老服务相结合实施意见的通知	渝府办发〔2016〕153号
13	重庆市民政局、重庆市财政局关于做好特困人员基本生活费和照料护理补贴发放工作的通知	渝民发〔2016〕188号
14	重庆市民政局、重庆市财政局关于提高全市孤儿及艾滋病病毒感染儿童、市级老年人和残障人福利机构集中供养人员、市救助管理站供养流浪乞讨人员基本生活保障标准的通知	渝民发〔2017〕29号
15	重庆市人民政府办公厅关于印发重庆市最低生活保障条件认定办法(修订)的通知	渝府办发〔2017〕33号
16	重庆市民政局关于进一步完善临时救助工作的指导意见	渝民发〔2017〕60号
17	重庆市民政局、重庆市残疾人联合会关于进一步做好贫困残疾人生活补贴和重度残疾人护理补贴制度有关工作的通知	渝民发〔2017〕75号
18	重庆市民政局关于做好支出型贫困家庭救助工作的通知	渝民发〔2017〕143号
19	重庆市人民政府办公厅关于全面放开养老服务市场提升养老服务质量的实施意见	渝府办发〔2017〕162号
20	重庆市民政局关于进一步动员社会组织参与脱贫攻坚工作的通知	渝民发〔2017〕173号
21	重庆市民政局等4个单位关于积极推行政府购买服务提高基层社会救助经办服务能力的实施意见	渝民发〔2018〕4号

续表

序号	文件名称	文号
22	重庆市人民政府关于进一步促进民办教育健康发展的实施意见	渝府发〔2018〕19号
23	重庆市民政局等9个单位关于加强农村留守老年人关爱服务工作的实施意见	渝民发〔2018〕30号
24	重庆市民政局重庆市财政局关于印发《重庆市困难群众节地生态安葬补贴实施办法》的通知	渝民发〔2018〕40号
25	重庆市民政局关于贯彻落实新修改的《中华人民共和国老年人权益保障法》和《重庆市养老机构管理办法》的通知	渝民发〔2019〕7号
26	重庆市民政局关于进一步规范完善城乡低保等社会救助政策的通知	渝民发〔2019〕15号
27	重庆市民政局关于印发重庆市“福康工程”项目实施细则的通知	渝民发〔2019〕16号
	关于进一步加强事实无人抚养儿童保障工作的实施意见	渝民发〔2019〕18号
28	关于在脱贫攻坚兜底保障中切实做好临时救助工作的通知	渝民发〔2019〕19号
29	重庆市人民政府办公厅关于印发重庆市社区居家养老服务全覆盖实施方案的通知	渝府办发〔2019〕110号
30	重庆市人民政府办公厅关于印发重庆市推进养老服务发展实施方案的通知	渝府办发〔2019〕129号
31	关于在脱贫攻坚中切实做好贫困重度残疾人照护服务工作的通知	渝民发〔2020〕1号
32	重庆市民政局、重庆市财政局、重庆银保监局关于印发加强社会救助资金监管工作方案的通知	渝民发〔2020〕5号
33	重庆市民政局关于进一步加强互联网公开募捐工作的通知	渝民发〔2020〕16号
34	重庆市民政局关于切实做好长期滞留流浪乞讨人员落户安置工作的通知	渝民发〔2020〕20号
35	关于加快推进老年人居家适老化改造工程实施方案的通知	渝民发〔2020〕22号

续表

序号	文件名称	文号
36	关于进一步健全农村留守儿童和困境儿童关爱服务体系的实施意见	渝民发〔2020〕23号
37	重庆市民政局、重庆市财政局关于印发《重庆市事实无人抚养儿童“福彩圆梦·助学成长”项目实施方案》的通知	渝民发〔2020〕35号
38	关于进一步加强公租房小区养老服务工作的通知	渝民发〔2020〕36号
39	关于加强农村留守妇女关爱服务工作的实施意见	渝民发〔2020〕38号
40	关于实施“民政惠民济困保”项目的通知	渝民发〔2020〕238号
41	重庆市民政局、重庆市档案局关于印发《重庆市困境儿童保障业务档案管理实施细则》的通知	渝民发〔2020〕39号
42	关于进一步做好事实无人抚养儿童保障有关工作的通知	渝民发〔2021〕5号
43	重庆市民政局关于加强慈善捐赠款物管理使用的通知	渝民发〔2021〕8号
44	重庆市民政局关于印发《重庆市收养评估工作实施细则(试行)》的通知	渝民发〔2021〕9号
45	关于做好因突发事件影响造成监护缺失未成年人救助保护工作的实施意见	渝民发〔2021〕68号

4.关于慈善捐赠、政府购买和志愿者服务的法制建设

关于慈善捐赠和税收减免，据不完全统计，重庆市人民政府相关部门先后制定出台3个文件。一是在慈善捐赠方面出台的涉及公益救济性捐赠接收管理的文件；二是关于公益性捐赠税前扣除资格后续管理工作的文件；三是支持社会工作服务市级财政补助资金管理的文件。在公益性捐赠税前扣除、非营利组织免税资格认定、公益事业捐赠票据使用管理等方面，均只是转发了国家相关法规政策。

关于政府购买服务，据不完全统计，重庆市人民政府相关部门先后制定出台5个文件。明确将政府直接向社会公众提供的一部分公共服务事项，按照一定的方式和程序，交由具备条件的社会组织、企业机构等社会力量承担，并由政府根据服务数量和质量向其支付费用的公共服务供给方式。公共文化、环境保护、社会救助、社会福利、残疾人服务、社区事务、慈善救济、社工服务、安置帮教、公益宣传等领域适宜由社会力量承担的事务性管理和服务事项均列入购买内容。

关于志愿服务，据不完全统计，重庆市人民政府及其部门先后制定出台6个文件（见表2–3）。既有志愿服务条例、文明行为促进条例，也包括志愿服务记录办法、发展志愿服务组织的具体规定，对于促进重庆志愿服务、推进重庆精神文明建设、培育良好重庆慈善氛围发挥了重要作用。

表2–3　重庆有关志愿服务的法规政策文件

序号	文件名称	文号
1	重庆市志愿服务条例	重庆市人大常委会公告〔2015〕第13号
2	重庆市民政局、重庆市精神文明建设委员会办公室关于规范使用全国志愿服务信息系统的通知	渝民发〔2017〕35号
3	重庆市民政局、重庆市精神文明建设委员会办公室、共青团重庆市委员会关于印发重庆市志愿服务记录办法的通知	渝民发〔2017〕56号
4	重庆市精神文明建设委员会办公室、重庆市民政局、重庆市教育委员会、重庆市财政局、重庆市总工会、共青团重庆市委、重庆市妇女联合会印发《关于支持和发展志愿服务组织的实施意见》的通知	渝文明办〔2018〕2号

续表

序号	文件名称	文号
5	重庆市民政局关于在全市性社会组织中开展志愿服务组织身份标识工作的通知	渝民发〔2018〕70号
6	重庆市文明行为促进条例	重庆市第五届人民代表大会第四次会议通过，自2021年3月1日起施行。

（二）多元社会主体推进慈善事业共治

多元主体参与是社会治理的重要特征，也是国家对包括慈善事业在内的社会治理的重要要求。重庆在推进多元主体参与慈善事业共治方面进行了积极有效的探索。

1.慈善组织成为重庆慈善事业的重要主体

《中华人民共和国慈善法》第八条规定：慈善组织是指依法成立、符合本法规定，以面向社会开展慈善活动为宗旨的非营利性组织。慈善组织可以采取基金会、社会团体、社会服务机构等组织形式。第九条规定：慈善组织应当符合下列条件：以开展慈善活动为宗旨；不以营利为目的；有自己的名称和住所；有组织章程；有必要的财产；有符合条件的组织机构和负责人；法律、行政法规规定的其他条件。据统计，截至2021年8月，全国共登记社会组织90多万家，其中社会团体近38万家，社会服务机构约52万家，基金会8600多家。登记认定慈善组织9288个，成立慈善信托597笔，信托合同规模34.09亿元；66万人取得社会工作者职业资格证书[①]。

① 民政部2021年7月28日2021年第三季度例行新闻发布会。

此外，还有众多基金会、社会团体和社会服务机构，虽未被登记认定为慈善组织，但从事着多个领域的慈善活动。据不完全统计，截至2020年3月9日，仅向公众开展募捐的慈善组织共有3720家，接受公众捐赠达到288亿元，已经支出209亿元[①]。

新中国成立以来，重庆社会组织发展经历了“除旧布新与停滞发展期”（1949—1978年）、“恢复与探索发展期”（1979—1996年）、“稳定发展期”（1997—2012年）、“增速发展期”（2013—2019年）等4个阶段[②]，至2021年3月，全市登记社会组织18231家，其中社会团体8212家、社会服务机构9931家、基金会88家。全市还有达不到社会组织登记条件且由镇街或社区党组织指导管理的社区社会组织30512个。全市登记认定的125家全市性慈善组织中，除了重庆市慈善总会、重庆市红十字会和重庆市扶贫开发协会外，还有基金会86家。确认公开募捐资格的全市性慈善组织共38家。2017年、2018年重庆社会组织年度捐赠收入总额分别为107865.61万元、140416.54万元；2017年、2018年、2019年、2020年重庆市社会组织年度公益事业支出总额分别达89616.21万元、112843.92万元、146800万元、223600万元。

在重庆的慈善组织中，重庆市慈善总会和重庆市红十字会具有相当的影响力。重庆市慈善总会（英文名：CHONGQING CHARITY FEDERATION；缩写：CQCF）成立于1994年，

① 参见易善数据微信小程序截至2020年3月9日的信息。

② 谢菊等：《重庆社会组织70年发展历程回顾与展望》，载《重庆社会组织发展报告1949—2019》，国家行政管理出版社2020年版，第11页。

在扶贫济困、安老扶幼、赈灾救援、助学兴教、公益援助、国内外慈善交流合作方面成绩显著，是重庆市首批国家5A级社会组织，中华慈善总会的团体会员单位，具备公募资质和公益性捐赠税前扣除资格，荣获国家民政部授予的“全国先进社会组织”、中华慈善总会的“中华慈善突出贡献奖”等殊荣。重庆市红十字会成立于1911年，是中国红十字会的地方分会。从诞生之日起，即投入到扶危济困，赈济灾民的活动中。抗日战争期间曾派出4个医疗队，赴湘赣战区服务。1945年霍乱大流行，成立急救时疫医院免费救治病人。先后创建水上救护队、消防队及中、西医诊所7个，济孤院、托儿所5个。1951年进行改组，发展会员，建立组织。先后开展了组织医疗队赴朝、协助政府遣返日本遗孤及遗骨、爱国卫生宣传、举办群众性战伤救护、水上救护培训、普及“三防”教育等活动。“十年动乱”中工作被迫停止。1980年重新恢复组织。改革开放特别是重庆直辖以来，重庆市红十字会在备灾救灾、扶危济困、卫生救护、防病治病、社区服务、无偿献血、遗体捐献、救助白血病儿童等方面成绩斐然，为重庆社会经济发展作出了积极的贡献。

2. 企业展现慈善责任和担当

企业是慈善事业发展重要的资金提供者和慈善组织的合作者，向非直接利益相关者捐赠，是企业履行社会责任的重要形式。自Oliver Sheldon（1924）在其《管理哲学》一书中首次提出“企业社会责任”（Corporate Social Responsibility，CSR）的概念以来，学术界和有关组织对企业社会责任的概念作出了诸多不同的解释。如Ernst&Ernst（1971）运用文本分析，对财富500强披露出的社会责任进行跟踪研究，归纳出CSR的六大范围：环境（污染控制、产品改进、环境治理、废旧物回收），机会平等（种族、妇女、弱势群体、地区平等），员工（安全与健康、培训、个人咨询），社会（公益活动、健康、教育与文化），产品（安全、质量），以及其他（股东、信息公开等）[①]。我国有学者在对来自12个省区市的630位企业总经理（或企业所有者）进行调查基础上，发现中国CSR的9个维度中，“社会捐赠和慈善事业”是与西方CSR相同的维度[②]。据中国社科院《企业社会责任蓝皮书（2020）》披露，2020年中国企业300强社会责任发展指数为36.0分，整体处于起步者阶段。国有企业社会责任发展指数连续12年领先于民营企业与外资企业，国企100强社会责任发展指数得分58.5，民企100强为29.3分，外企100强为20.1分。另外，2020年是脱贫攻坚收官之年，中国企业精准扶贫议题指数全面增长，达到35.3分，其中国企100强69.4分，民企100强28.6分，外企100强得分8.0分；中国企业300强抗击疫情议题得分为48.5分，其中国企100强抗击疫情议题得分最高，达到72.0分。从行业来看，银行业、电力行业社会责任发展指数表现最佳，均为52.0分；军工、建材、电子3个行业表现较好，日化行业连续三年排名最后。

重庆是一座爱心城市，胡子昂、刘子如、卢作孚等是重庆著名的慈善先贤。近年来，重庆出现了一批乐善好施、矜

① 杨汝岱：《企业社会责任的概念范畴归纳性分析》，DOI: 10.19581/j.cnki.ciejournal.2007.05.009。

② 杨汝岱：《企业社会责任的概念范畴归纳性分析》，DOI: 10.19581/j.cnki.ciejournal.2007.05.009。

贫恤独、富有社会责任的企业，它们的慷慨捐赠，为重庆慈善事业发展奠定了重要的经济基础。如表2-4所示，据统计，2016—2019年重庆“中华慈善日”共有400多家企业参与捐赠，捐赠额超过20亿元。民营企业是重庆慈善捐赠的主力军。我国第一家在创业板上市的民营疫苗企业重庆智飞生物制品股份有限公司自2002年正式进入生物制品行业，2010年9月在深交所挂牌上市（股票代码：300122），其主营的人用疫苗属国家七大战略性新兴产业。截至2020年公司已累计纳税超过50亿元，累计捐款超过3亿元。其中，2020年智飞生物为抗击新冠、守护健康、扶困助残、教育振兴、脱贫攻坚捐资助物总额超4600万元，荣获全国抗击新冠肺炎疫情民营经济先进个人、全国“守合同重信用”企业等荣誉称号[①]。另外，重庆小康控股有限公司、重庆民生能源集团、重庆银行股份有限公司、重庆陶然居饮食文化（集团）股份有限公司等企业，也在公益慈善领域积极履行社会责任，产生了良好社会影响。

表2-4　重庆市“中华慈善日”爱心捐赠[②]

时间	捐赠额(亿元)	捐赠人
2016	3.21	81家爱心企业
2017	5.80	72家爱心单位和爱心人士
2018	6.09	73家爱心单位和个人
2019	5.84	88家爱心单位和个人
2020	5.24	120多家爱心单位，另有197万人次通过互联网公益平台参与捐赠

① 重庆智飞生物制品股份有限公司社会责任报告（2020年度）。

② 作者根据相关资料整理。

3.慈善服务和管理呈现新局面

重庆市政府在完善公共服务的同时，进一步转变职能，引导社会慈善力量，形成政社之间的良性互动，较好发挥了慈善事业在扶贫济困中的作用。

表现之一，彩票公益金成为“公益事业助推器”。为筹集社会公益资金，促进社会公益事业发展，我国自1987年开始发行彩票。1987年至2020年，全国福利彩票累计销售23554.51亿元，筹集公益金7012.63亿元。2020年，全国福利彩票销售1444.88亿元，筹集公益金444.58亿元[①]。据《民政部2020年度彩票公益金使用情况公告》显示，民政部2020年度彩票公益金预算总金额94848万元，资金主要用于老年人福利、残疾人福利、儿童福利、社会公益四个方面。重庆2012年福利彩票销售额381541万元，到2014年增至619904万元，[②]年增长率达42.5%。截至2021年6月底，全市福利彩票累计销售15.03亿元，比上年同期增长9.63%[③]。值得关注的是，近年来，随着我市经济社会的发展和进步，我市彩票公益金的安排使用中除了生存性项目外，文化、体育等方面的发展性项目占比不断增大。如2018年重庆市本级可用彩票公益金75092万元中，除用于社会福利事业26983万元外，还用于体育事业18000万元、青少年校外活动场所建设等其他社会公益事业项目19249万元[④]，彩票公益金在提供基本公共服务、集中满足人民对美好生活的需求方面发挥着积极作用。

① 《公益福彩　善行天下》，载《人民日报》，2021年3月7日第8版。

② 重庆市民政局编：《重庆市民政统计年鉴2019》，第9页。

③ 2021年7月16日重庆市民政局2021年2季度公开数据。

④ 重庆市2018年彩票公益金筹集分配和市本级彩票公益金使用情况公告。

表现之二，“互联网+慈善”显示巨大活力。目前，互联网已经成为推动我国慈善事业发展的重要推力。据民政部统计，2006年全国共募集善款约100亿元，到2016年达到1392.94亿元，“互联网+”在其中扮演了重要作用。腾讯公益慈善基金会充分挖掘互联网潜力，在2015年发起“99公益日”，给中国带来了每年一届的全民公益日。鉴于慈善组织在网络公益中的精彩表现，民政部于2016年后指定了包括“腾讯公益”在内的两批20家互联网公开募捐信息平台，为网络公益的开展拓展空间、规范秩序[①]。重庆市慈善总会、重庆市慈善捐赠服务中心自2015年开始互联网募捐的探索与实践，当年3月31日收到第一笔金额1元的互联网捐款，年底互联网募捐10万余元，2016年互联网募捐25.7万元。重庆市慈善总会、重庆市慈善捐赠服务中心自2017年开始，每年参加腾讯“99公益日”募捐活动，筹款额从2017年416万元，到2018年3098万元，再到2019年1.31亿元。2020年募捐总额2.74亿元，捐赠人次1186万人次，募捐总额和捐赠人次均居全国省级慈善组织第1位。重庆市儿童救助基金会在2020年“99公益日”筹款1020万元，在全国排名第54，在地方性公募组织中排名第43，在重庆市排名第2。重庆市江北区绿叶义工等也在全市互联网募捐排行榜中榜上有名。2021年“99公益日”期间，全市慈善组织累计募集资金5.29亿元。其中，重庆市慈善总会联动38个区县慈善会、101个社会组织和志愿服务组织，开展

① 中国慈善联合会：《与国家发展同频共振　我国社会组织蓬勃发展的历史轨迹》，新浪网，2021年6月29日。http://k.sina.com.cn/article_3298729782_c49e9f3601900zctd.html。

1000余场次近10万人次培训，围绕助力乡村振兴、促进共同富裕，精心策划包装530个项目参与活动，吸引769万人次捐赠，募集善款5.03亿元。包括助力乡村振兴项目募集1.8亿元，扶弱济困项目募集2.6亿元，助推公益事业及其他项目募集0.63亿元。募集总额比去年“99公益日”增长1.68亿元，位居全国慈善组织第二；获腾讯公益慈善基金会配捐8813万元，位居全国第一。同时，其他慈善组织募集资金0.26亿元[①]。

表现之三，志愿服务培育良好慈善氛围。志愿服务是指志愿者、志愿服务组织和其他组织自愿、无偿向社会或者他人提供的公益服务，涉及扶贫、教育、医疗、养老、环保、助残、文体活动等多个领域。是慈善事业的重要组成部分。国家非常重视发展志愿服务，建设了全国志愿服务信息系统，推广志愿服务项目化运作、社会工作者与志愿者协同、“菜单式”志愿服务等工作模式。截至2020年8月，全国注册志愿者超过1.81亿人，发布志愿服务项目超过390万个，记录志愿服务时间超过24.2亿小时[②]。“十三五”时期，重庆市新增遗体、器官及角膜捐献志愿者6.7万名，实施捐献4629例；新入库干细胞捐献志愿者3.1万人份，捐献总数突破100例[③]。截至2021年6月，重庆全市实名认证志愿者6381266人，志愿服务组织总数39583个，志愿服务项目总数202448个，在民政部门登记的志愿服务组织总数204个。全市持证社会工作专业人

---

① 张莎：《今年“99公益日”重庆募集资金5.29亿元》，载《重庆日报全媒体》，2021年9月16日。

② 参考北京师范大学中国公益研究院向全国人大常委会慈善法执法检查组提交的《〈中华人民共和国慈善法〉实施情况评估报告》。

③ 重庆市红十字事业发展“十四五”规划（2021—2025）。

才20414人，其中：社会工作师3580人，助理社会工作师10573人，社会工作员6261人[①]。

表现之四，开展独具特色的慈善公信力建设探索。公信力是慈善事业的生命，互联网时代人们越来越多地依托于线上“弱在场”的交往，增加了慈善主体之间的认知和信任难度，致使慈善的公信力更容易受到质疑，从而影响市场主体和民众的慈善参与积极性。有学者提出，第三部门是家庭纽带之外的一种由信任驱动的关系（coleman，1990），贝克尔和鲍曼更是将公益慈善公信力的核心归结为利他主义价值观和社会信任[②]。还有学者提出，在施信方和受信方的互动过程中，唯有受信方充分释放出“可信赖度”的社会信号，施信方才有可能与之建立认知信任[③]。2018年7月民政部部务会议通过《慈善组织信息公开办法》，要求慈善组织依法在民政部门提供的统一的信息平台向社会公开其基本信息、年度工作报告和财务会计报告、公开募捐情况、慈善项目有关情况、慈善信托有关情况、重大资产变动及投资情况、重大交换交易及资金往来情况、关联交易行为情况等，不得有虚假记载、误导性陈述或者重大遗漏。重庆把公信力建设放在首位，2011年下半年重庆市慈善总会建立慈善信息“八公开”制度，即公开筹募方式、公开捐赠款物接收情况、公开慈善项目方案、公开救（资）助对象（有隐私保护要求的采用合

① 2021年7月16日重庆市民政局2021年2季度公开数据。

② 赵文聘：《数据画像：提升社会公益公信力的一个有益工具》，载《中国行政管理》，2020年第10期，第67—72页。

③ 吴宝：《从个体社会资本到集体社会资本——基于融资信任网络的经验证据》，载《社会学研究》，2017年第32卷第1期。

适的方式公示)、公开救(资)助审批程序、公开捐赠款物使用情况、公开回馈和评选爱心捐赠者的方式、公开监督和审计情况。2014年3月又对信息公开的原则和责任制落实、信息公开的时间节点和具体方式、信息公开的纪律约束机制等内容作进一步补充完善,重庆的慈善信息公开制度比国家层面的规定提前了7年。重庆市人民政府还设立"重庆慈善奖",从正面推动重庆慈善公信力的建设。2009年颁发了首届"重庆慈善奖"(渝府发〔2009〕86号),褒扬在赈灾、扶老、助残、济困、助学、助医等慈善公益领域作出突出贡献的单位、个人和项目。

(三)"第三次分配"促进慈善事业共享

慈善事业是社会保障体系的重要补充,慈善捐赠、脱贫攻坚、突发事件应对是慈善事业发挥作用的重要体现。在重庆多方慈善力量的努力和推动下,按现行国家农村贫困标准测算,重庆已实现脱贫攻坚目标,1919个贫困村全部脱贫出列,14个贫困区县全部摘帽,绝对贫困历史性消除。2020年全市贫困地区农村常住居民人均可支配收入15019元,比上年增长8.6%,扣除价格因素,实际增长6.1%[①],充分体现了"第三次分配"促进慈善事业共享。

1.慈善捐赠惠及困难群众

组织社会捐献、实施社会救助是现代慈善事业的两个重要环节,社会捐赠是慈善事业发展的重要经济基础。一般来说,慈善募捐、志愿者贡献、彩票公益金构成我国主要的公

① 2020年重庆市国民经济和社会发展统计公报。

益慈善资源。据不完全统计，2019年我国全年共接收境内外款物捐赠1701.44亿元人民币，其中内地接收款物捐赠共计1509.44亿元，同比增长4.88%，人均捐赠107.81元[①]。据统计，仅2017年度重庆民政部门直接接收社会捐赠款达1041.6万元，捐赠其他物资价值4.6万元；间接接收的社会捐赠款数额达3.2万元，捐赠衣被合计5.6万件；受益26702人次，社会捐赠接收工作站、点数1654个[②]。“十三五”期间，重庆市慈善总会、红十字会累计接受慈善捐赠75.81亿元，用于脱贫攻坚34.19亿元，慈善救助超过800万人次[③]。其中，全市红十字系统累计募集款物8.9亿元[④]。

表2-5 重庆市慈善总会市本级筹募款物与惠及困难群众统计（2016—2020）

年度	筹募款物	支出慈善款物	惠及困难群众
2016	4.67亿元		
2017	5.36亿元	5.32亿元	37万人次
2018	5.92亿元	5.37亿元	51万人次
2019	5.35亿元	5.24亿元	74万人次
2020	9.07亿元	8.48亿元	100万人次

如表2-5所示，2016年至2020年，重庆市慈善总会市本级共筹募款物34.74亿元。其中，2017年比上年增长31.40%，

① 参考中国慈善联合会发布的《2019年度中国慈善捐助报告》。

② 重庆市民政局编：《重庆市民政统计年鉴2017》，第144页。

③《点赞！重庆有实名认证志愿者636万人 占全市常住人口20.4%》https://baijiahao.baidu.com/s?id=1700264315766406602&wfr=spider&for=pc。

④《重庆市红十字事业发展“十四五”规划（2021—2025）》。

2018年比上年增长10.45%，2019年尽管面临近年经济下行压力增大的情况，仍保持了筹募总额的平稳发展，2020年比上年同期增长69.5%[①]，年度募捐额创建会以来的历史新高。五年来，总会市本级筹募款物惠及困难群众数百万人次，为助力脱贫攻坚和打赢疫情防控阻击战、保障改善民生发挥了重要补充作用。值得关注的是，按照国家相关规定，慈善公益组织可以从捐赠善款中提取不超过10%的工作经费和管理费，重庆市慈善总会第二届、第三届理事会一直没有收取捐赠善款的工作经费和管理费，"十三五"时期总会行政经费支出占各年支出总额的比例一直在1.4%左右。

2.慈善助力脱贫攻坚

贫困是人类社会的顽疾，摆脱贫困是实现第一个百年奋斗目标的重点工作。"十三五"时期是全面建成小康社会决胜阶段，中央把脱贫攻坚作为全面建成小康社会的底线任务，充分发挥政府投入的主体和主导作用。特别是2012年年底开展新时代脱贫攻坚以来，2013年中央提出精准扶贫理念，2017年党的十九大把精准脱贫作为三大攻坚战之一进行全面部署。2012年至2020年的8年间，中央、省、市县财政专项扶贫资金累计投入近1.6万亿元，其中中央财政累计投入6601亿元。构建了专项扶贫、行业扶贫、社会扶贫互为补充的大扶贫格局，形成跨地区、跨部门、跨单位、全社会共同参与的社会扶贫体系。截至2020年底，我国脱贫攻坚战取得了全面胜利，现行标准下9899万农村贫困人口全部脱贫，832个贫困县全部摘帽，12.8万个贫困村全部出列，区域性整体贫困得

① 重庆市慈善总会2016、2017、2018、2019、2020年工作报告。

到解决，完成了消除绝对贫困的艰巨任务[①]。截至2020年底，重庆18个贫困区县全部摘帽，1919个贫困村全部出列，动态识别的190.6万农村贫困人口全部脱贫，告别了延续千年的绝对贫困[②]，重庆脱贫攻坚目标任务如期完成。在重庆脱贫攻坚中，民营企业、社会组织和公民个人积极参与，民间慈善力量发挥了重要作用。

在产业扶贫方面，发展特色农业产业和乡村旅游业是国际社会产业扶贫的两个重要经验。“十三五”期间重庆推行专项扶贫、行业扶贫和社会扶贫，全市2316家民企帮扶2009个村[③]，以力帆集团、中科控股、华宇集团为代表的企业，以市福彩中心、重庆市慈善总会等为代表的机构和组织，在忠县、石柱、开县、城口、奉节、酉阳等贫困区县因地制宜发展现代农业、改善基础设施、发展乡村旅游，重庆市慈善总会还为重庆18个已脱贫的深度贫困乡镇分别建立各100万元的脱贫攻坚后期扶持基金。健康扶贫是打赢脱贫攻坚战的关键之举，增强健康扶贫精准度、健康机会的公平性、健康服务的可及性是十分重要的内容。重庆统筹运用扶贫医疗基金和商业补充保险，开展贫困患者排查、大病和慢性病分类分批救治和家庭医生规范服务，以慈善资金和社会捐助进行再救

---

① 习近平：《在全国脱贫攻坚总结表彰大会上的讲话》，新华网，2021年2月25日。http://www.xinhuanet.com/politics/2021-02/25/c_1127140240.htm?ivk_sa=1024320u。

② 重庆市人民政府市长唐良智：重庆市人民政府工作报告——2021年1月21日在重庆市第五届人民代表大会第四次会议上。

③ 颜安：《奋楫扬帆奔小康——“十三五”期间重庆脱贫攻坚综述》，载《重庆日报》，2021年2月7日。

助。2016年以来，重庆电信、重庆移动、重庆启智互联、重庆乐耕医疗器械公司、金山科技集团、重庆力隆生物技术发展有限公司等捐赠各类爱心物资和医疗设施，重庆诺天医疗器械公司等单位仅2018年就捐赠医疗设备1434万元，帮助贫困地区医院（卫生院）改善医疗条件。2018年以来，西南医院、重庆爱尔眼科医院、普瑞眼科医院、格林医院、芳华医院等共救治贫困患者13万人次。2019年中华慈善总会药品援助1.2亿元，救助癌症患者1.1万人次。教育扶贫的关键，是提高贫困群体的人力资本水平。重庆从基础教育、职业教育、高等教育、投入保障、教育信息化等5个方面推进教育“精准扶贫”，广泛发动企业、志愿者、社工等参与结对帮扶。2017年以来，重庆融汇集团、韩国衣恋集团、重庆一六八软件公司、重庆腾辉能源股份公司、重庆西都房地产公司等企业，采取捐赠支教资金、助学款、改善农村教育设施等方式，积极参与教育扶贫。如2019年，重庆银鑫集团、融汇集团、京师（重庆）律师事务所、瀚华金控、福彩中心等捐赠3500万元，实施西部之星助学、关爱留守儿童之家等项目，资助石柱、秀山、黔江等地高职贫困学生1000人，受益贫困学生及留守儿童2200余人。作为社会服务的一种重要形式，重庆在文化、医疗卫生、产业技能培训、支教、环境保护等方面的扶贫志愿服务取得成效。仅2020年，重庆慈善志愿者开展贫困山乡义诊、电商培训、帮助发展乡村旅游等，志愿服务时长5万多小时。重庆市慈善总会开展渝东南少数民族地区留守儿童奖学金活动，受益儿童130余人。重庆慈善超市全年送发慈善款物15批4万元，受益群众2000余人。

3. 救助突发事件造成的损害

救助自然灾害、事故灾难和公共卫生事件等突发事件造成的损害，是慈善活动的重要内容。自然灾害、公共卫生事件等突发事件发生时，重庆的慈善捐赠往往呈现空前的热情和井喷式增长。以重庆市慈善系统为例，1998年长江发生特大洪灾，市慈善会接受捐赠款物价值23.2万元；2003年抗击“非典”疫情，市慈善总会共接收捐赠款物21万元；2004年印度洋地震海啸，重庆市慈善总会和市佛教协会慈善功德会共接收捐款203万多元；2006年重庆遭遇百年不遇的旱灾，市慈善总会共收到捐款233万元；2007年7月17日，重庆遭遇百年不遇的特大暴雨袭击，仅10天时间，市慈善总会就收到来自各个企业及爱心人士的捐赠款物2300余万元；2008年1月26日，重庆遭遇冰雪灾害，仅5天时间，就收到渝丰电缆公司、龙湖地产、光大集团等捐赠80万元善款及价值5万元物资。2008年5月12日汶川大地震，重庆各界人士纷纷到市慈善总会向地震灾区捐款，交通银行重庆人民路支行不得不每天派工作人员到总会帮助清点现金，银行的送款专车每天到总会接收善款。市慈善总会共计为汶川灾区募集款物1.4亿元，全市慈善会系统共接收抗震救灾款物3.8亿元。据统计，“十三五”期间全市红十字系统共培训救援人员650人次，发放救灾物资799万元，应急救护“五进”培训231.6万人次，培训救护师资1150人、救护员10.4万名，成立应急救援志愿服务组织12个，建成救护培训基地、救护站等31个。累计疾病应急救助3.75万人次，救助大病儿童1198人次，开展儿童健康筛查12.2万人次，“博爱送万家”活动发放温暖包3.4万个，实施

“博爱家园”项目37个[①]。

除了捐赠款物，重庆社会力量还去灾区实施救援。汶川地震发生后，名列中国餐饮百强第6位的重庆德庄实业（集团）有限公司最先在灾区组成“重庆粥棚”服务团[②]。2017年在万州区民政局注册登记的重庆市万州蓝天救援队，业务范围是开展应急救援和救灾服务。从成立至今，先后参加了2014年的“8・3”鲁甸地震救援、2015年“6・1”东方之星旅游客船倾覆事故救援、2017年的“6・24”茂县山体坍塌事件的救援、2017年的“8・8”九寨沟地震救援、2017年的斯里兰卡国际洪灾救援、2018年的万州公交车坠江救援、2019年的“6・17”长宁地震救援等各类救援行动20余起，累计救援受益人数达8200人[③]。2021年7月河南出现特大暴雨，救援队从21日到27日，先后派出三支专业队伍奔赴河南郑州、新乡等地救援，仅第一支队伍就转移新乡群众约1600人，其中老人及小孩共计约800人，转移救灾物资约3吨；参与河南省郑州市防疫消杀工作，总面积121万平方米[④]。成立于2016年的“山城雪豹”是重庆市团市委主管的全国首支省级抢险救灾青年志愿者队伍，7月24日，“山城雪豹”先后派出两批青年志愿者，赶赴河南新乡等地协助救援，共转移群众800余

① 重庆市红十字事业发展“十四五”规划（2021—2025）。

② 徐菊，李斌：《那一年他在废墟中搭起“粥棚”为震区送饭》，载《重庆晨报》，2018年5月7日。

③ 孙雪：《重庆市万州地区蓝天救援队参与应急管理服务的研究》，载《重庆社会组织发展报告》，国家行政管理出版社2020年版，第242—243页。

④ 喻言：《救援1600余人 重庆市蓝天救援队第一梯队胜利返程》。封面新闻，2021年7月28日。王梓涵：《重庆蓝天救援队第二、第三梯队抵达河南 将赴郑州新乡等地抗洪》。重庆晨报上游新闻官方账号，2021年7月25日。

人，抢救电信机房1个、基站若干，抢救运送保障机房物资3吨，保障了卫辉市通信[①]。

三、以共建共治共享促进重庆慈善事业发展的发展逻辑

慈善是中华民族的传统美德，慈善事业是中国特色社会主义事业的重要组成部分。据统计，截至2021年6月底，全国共有城市低保对象773.1万人，农村低保对象3538万人，特困人员471.8万人[②]。重庆共有城市居民最低生活保障16.69万户、25.35万人，农村居民最低生活保障33.52万户、61.28万人，城市特困人员救助供养8.35万人，农村特困人员救助供养9.86万人，孤儿3057人，困境儿童148747人[③]，要救助的人士仍是一个不小的数字。加快发展重庆慈善事业，对于调节利益分配、缓解社会矛盾、增进社会和谐、提高公民意识、营造良好风气具有重要作用。

（一）加快出台促进慈善事业发展的地方法规政策

法制建设是慈善事业发展的重要保障，推动形成有利于慈善事业发展的多层次的法规政策体系，解决慈善组织登记

① 王鑫昕：《重庆应急志愿者驰援河南转移群众800余人》。中国青年报客户端讯，2021年8月4日。

② 民政部2021年7月28日2021年第三季度例行新闻发布会。

③ 2021年7月16日重庆市民政局2021年2季度公开数据。

难、税收优惠政策落实不到位等问题，是政府在慈善事业发展中的角色和责任。

1. 实现慈善组织直接登记

公益慈善类社会组织直接登记有利于慈善事业的发展，2013年颁发的《关于国务院机构改革和职能转变方案的说明》中，明确提出公益慈善类社会组织可“直接向民政部门申请，不再需要业务主管单位审查同意”。《重庆市人民政府关于促进慈善事业健康发展的实施意见》（渝府发〔2015〕44号）也明确规定“积极稳妥推进慈善组织直接登记，培育发展更多的慈善公益主体，壮大慈善公益力量”。2016年中共中央办公厅、国务院办公厅印发《关于改革社会组织管理制度促进社会组织健康有序发展的意见》，对稳妥推进直接登记改革作出了明确部署，但直到现在，重庆慈善组织直接登记仍面临“双重管理”的制约。为进一步推进重庆慈善事业的发展，建议重庆相关法规政策部门，本着规范合理、简化操作、提升效率的原则，认真落实中央相关政策，为我市公益慈善类、城乡社区服务类的基金会和社会服务机构的成立创造直接登记条件。

2. 调整并降低慈善社会组织登记条件

改革开放以来，截至2021年8月，关于社会组织登记条件，先后有1998年《社会团体登记管理条例》和《民办非企业单位登记管理暂行条例》、2004年《基金会管理条例》、2016年《社会团体登记管理条例》和2018年《社会组织登记管理条例（草案征求意见稿）》对注册资金、审批层级作出相应规定。其中，慈善社会组织的注册资金额和审批层级不断提高。以基金会为例，按照现行《基金会管理条例》规定，全国性公募基金会的原始基金不低于800万元人民币，地方性公募基金会的原始基金不低于400万元人民币，非公募基金会的原始基金不低于200万元人民币。《社会组织登记管理条例（草案征求意见稿）》规定，基金会由省级以上人民政府的登记管理机关负责登记管理。设立基金会，注册资金不得低于800万元人民币，在国务院的登记管理机关登记的基金会，注册资金不得低于6000万元人民币。这样的资金门槛，让许多人望而止步，各地在基层治理中鼓励发展的社区基金会，其注册也会受到极大影响。这样的审批层级规定，也与《慈善法》“设立慈善组织，应当向县级以上人民政府民政部门申请登记”的规定相冲突。为了适应慈善组织网络化、便利化运作的需要，建议不突破现在法规制度要求的资金额度。同时，落实《慈善法》的规定，将基金会等慈善组织的登记管理层级规定为县级以上人民政府民政部门。

3.推动慈善组织保值增值所得免税

《慈善法》第五十四条规定：“慈善组织为实现财产保值、增值进行投资的，应当遵循合法、安全、有效的原则，投资取得的收益应当全部用于慈善目的”，第七十九条规定：“慈善组织及其取得的收入依法享受税收优惠”。目前，非营利组织依法进行的财产保值增值收益不在免税范围，须征收25%的企业所得税。这不符合捐助法人权利与义务对等的原则，建议参照国外先进经验，在重庆试点探索对基金会和社会服务机构财产保值增值的合法投资所得免除所得税。

（二）大力发展慈善组织

1.调整社会组织发展重点

与全国平均水平和北京、上海相比，重庆慈善组织的发展仍显落后。一方面，社会组织发展存在结构缺陷。基金会是吸引社会捐赠的“资金池”，在慈善事业发展中举足轻重。我市基金会只有88家，在我市社会组织总量中占比仅0.48%，远低于全国1%和北京6%、上海3.19%的占比。社会服务机构是基层社会服务产品的主要生产者和递送者，我市社会服务机构共9931家，占我市社会组织总量的54.47%，低于北京58.10%和上海71.13%的占比。截至2021年6月，重庆基金会在全市社会组织的占比仅0.48%，远低于全国0.95%[①]和北京6%、上海3.19%的占比[②]。建议针对我市社会组织的结构缺陷，调整社会组织发展重点。应参照全国社会组织1%的比例，在“十四五”期间力争在现有基础上再增加120家基金会。建议参照北京和上海，“十四五”期间力争将我市社会服务机构在社会组织中的占比从54.47%至少进一步提升到60%的比例，使我市包括慈善组织在内的社会组织服务能力与社会服务需求相匹配。

2.完善慈善组织服务和管理

一是加大慈善组织孵化培育力度，开展集政策指导、行

---

① 民政部2021年1季度民政统计数据：全国社会组织共899540家，其中基金会8540家。

② 北京市民政局2021年1季度统计数据：2021年3月北京社会组织12967家，其中基金会802家。上海市民政局2021年1季度统计数据：2021年3月上海社会组织17121家，其中基金会546家。

业规范、能力提升、资源共享等功能为一体的“平台+智库”建设，推动孵化平台空缺区县的孵化园建设，推动我市慈善组织孵化平台全覆盖。鼓励小微社区社会组织同类合并，争取实现法人登记。二是扩大政府购买慈善组织服务的规模。将购买慈善组织服务纳入基本公共服务财政预算，扩大购买的预算规模和服务范围，在购买中体现对慈善组织的激励，优化政府购买慈善组织服务机制。在市和区县由民政部门牵头制定并公布“政府向慈善组织转移职能事项清单”“政府向慈善组织购买服务清单”和“承接政府转移职能的慈善组织清单”；在基层由街道乡镇牵头创建政府购买慈善组织服务平台。在我市新增公共服务政府购买的预算中，明确向慈善组织购买比例不低于30%。优化政府购买流程，对购买内容相对固定、连续性强、经费来源稳定、价格变化较小的项目，适当延长合同履行期限，最长可以设定为3年，加强政府购买的绩效管理。

3. 成立重庆慈善事业联合会

慈善事业的发展需要慈善类行业组织的引领。为此，党的十八届三中全会将公益慈善类组织、行业组织列为重点培育目标。《慈善法》明确规定，慈善组织依法成立行业组织。慈善行业组织应当反映行业诉求，推动行业交流，提高慈善行业公信力，促进慈善事业发展。目前慈善类行业的枢纽型社会组织在国家层面有中华慈善总会（1994年成立）、中国慈善联合会（2013年成立）。在地方层面上，各主要城市都成立了相应组织，如北京公益慈善联合会（2007年成立）、广州公益慈善联合会（2014年成立）、成都公益慈善联合会（2014年成立）、深圳慈善事业联合会（2016年成立）等，它们在行业政策倡导、制定行业规范、开展协调服务、推进交流合作、实施行业监督等方面发挥了重要作用。

重庆市级慈善行业组织功能缺位，已成为制约重庆慈善事业快速发展的重要因素。由于我市慈善事业统筹、协调机构的缺位，各类慈善组织在慈善事业发展中的职责和角色定位不够清晰，不能有效形成慈善事业发展的合力，这在很大程度上降低了慈善资源整合效能，造成各类慈善资源在流向和分配上的不均和低效，使得各类慈善机构能力建设参差不齐，影响着我市慈善事业的规模化和持续协调发展。同时，慈善协调机制的缺位致使各类慈善组织在机构使命和专业发展方向上同质化现象严重，慈善机构往往集募捐型、资助型、执行型机构于一身，慈善组织间缺乏必要的专业分工和领域细分，未能形成布局合理、分工合作和发展有序的慈善生态链条，这不仅造成了有限慈善资源的浪费，而且从长远来说还不利于慈善组织的专业定位与发展规划。因此，建立慈善行业联合组织，健全慈善行业统筹协调机制，是进一步优化慈善生态链条，实现我市慈善事业发展的规模化和集聚化的内在要求。

重庆慈善总会于1995年成立，近年来在社会动员、扶危济困、救急救难、促进和谐等方面发挥了重要作用。建议由重庆市慈善总会、重庆市社会工作者协会等社会组织和社会贤达人士共同发起，成立具有公益性、地方性、非营利性、直接为重庆慈善事业发展服务的行业联合组织重庆慈善事业联合会。旨在发挥对我市慈善事业的指导、服务和协调的行业枢纽作用，搭建慈善行业协作平台，健全慈善行业运作规范，促进慈善行业联合、自律，提升慈善行业专业水平和社会公信力，共同推动慈善事业持续、健康、快速发展。联合会的主要业务范围应该包括：弘扬慈善文化，开展慈善宣传和表彰激励活动；培育和发展慈善组织，提升慈善行业专业水平和能力建设；搭建慈善行业公共服务平台，推动慈善行业生态系统建设；建立慈善行业诚信自律机制，推动慈善行业综合监管体系建设；开展慈善行业发展理论研究与政策倡导；举办慈善行业展会，搭建国内外慈善事业交流合作平台，促进跨界融合与政社合作；普及慈善知识，强化慈善培训，推动慈善行业专业人才队伍建设；创建慈善行业集群服务平台，创新慈善发展路径，推动慈善信托、社会价值投资、社会企业等慈善创新实践；维护会员合法权益；承接政府、会员和其他机构委托的其他业务。

4.提升慈善组织的职业化程度和专业化水平

我市包括慈善组织在内的社会组织的职业化程度和专业化水平均不高。据调查走访，重庆社会组织新就业者工资3200元/月左右，工作4—5年4000元/月左右，7—8年5000元/月左右，均低于2020年我市5819元/月社平工资水平。上述薪酬福利水平导致我市社会组织与公共部门和企业相比，缺少就业吸引力，从业人员流失严重，影响了我市社会组织的队伍建设。另外，2019年末重庆社会组织从业人员大学本科及以上学历者仅占28.82%，持有助理社会工作师和社会工作师资格证者仅占1.92%。专业人才缺乏影响社会组织的管理和运营能力，导致重庆品牌性社会组织数量不多。下一步，要加强社会组织队伍建设。努力培育组织管理、项目运营、社会工作的专业人才队伍。鼓励党校行政学院、科研单位、高等院校的专业技术人员在社会组织兼职，壮大社会组织力量。同时，建议建立我市社会组织激励制度。实施社会组织品牌战略，在福利彩票公益金中划拨优秀社会组织奖励基金，对优等社会组织给予补贴。继续推行重庆社会组织人才到群团组织挂职、兼职的做法，探索群团组织与行业内社会组织的联系机制。依托党校行政学院建立市和区县两级社会组织重点人才培养制度。条件成熟时，在重庆各级党代会、人代会、政协会议单独设置社会组织代表界别。

（三）厚植重庆慈善文化

1.加强慈善教育和宣传

对社会成员进行慈善相关的知识和能力的教育和宣传，是培养公民理性慈善观念、良好品德修养和社会良好风气的重要方式，也是学校开展素质教育的重要内容。通过慈善教育，可以培养市民慈善意识，激发市民的爱心和责任心，营造积极参与慈善的良好文化氛围。目前我市整体慈善氛围虽有所提升，但开设慈善教育课程的学校不多，市民的慈善意识更多停留于感性层面，灾害发生时慈善热情空前高涨，平时对慈善捐赠的关注度并不高。建议将慈善教育纳入中小学思想政治教育体系，同时，通过电视、广播、网络、报纸杂志等各类媒体扩大慈善教育的影响，形成“财富即责任，授人玫瑰，手有余香；慈善重庆，人人参与”的良好慈善文化氛围。

2. 大力发展志愿服务

志愿服务是现代社会的“润滑剂”。在志愿服务中，志愿者和志愿服务组织是主体，自愿、无偿、平等、诚信、合法是志愿服务应当遵循的原则。由于志愿服务是志愿者、志愿服务组织和其他组织自愿、无偿向社会或者他人提供的公益服务，志愿服务组织和志愿者不能向志愿服务对象收取或者变相收取报酬[①]，一些基层群众性自治组织、公益活动举办单位和公共服务机构将志愿者误以为是廉价劳动力，忽视志愿者的人格尊严、必要的培训和安全保障措施的提供，影响了志愿服务的专业化、全民化程度。加之政府的志愿服务协调机制尚不完善，在发生重大自然灾害、事故灾难和公共卫生事件等突发事件，社会需要迅速开展救助时，往往出现需求信息提供不及时，志愿服务组织和志愿者难以及时有序开展志愿服务活动的情况。建议重庆市政府加快完善志愿服务协调机制，鼓励机关、企业事业单位、人民团体、社会组织等依法成立志愿服务队伍，依法开展专业志愿服务活动，大力发展重庆志愿服务事业，促进社会文明进步。

3. 持续打造重庆慈善品牌

慈善品牌承载着人们对慈善服务的认可，影响着人们的慈善捐赠意愿。近年来，重庆通过设立慈善基金，发展慈善信托，推出独具特色的慈善项目，塑造了一批慈善品牌。2020年共有包括重庆儿童救助基金会“男生女生”儿童防性侵教育项目、重庆国际信托股份有限公司隘口镇扶贫济困慈善信托等15个慈善项目和慈善信托获得重庆慈善奖。重庆养老慈

---

① 2017年6月国务院第175次常务会议通过的《志愿服务条例》第六条。

善基金2020年推出的“助浴快车项目”，为12000余名老人提供健康体检、精神慰藉、助浴等服务，这项全国首创的特色服务获当年全国居家养老服务会议重点推荐。截至2021年8月，重庆市慈善总会共设立慈善基金131支，基金规模8.52亿元；慈善信托4笔，备案金额310万元。下一步，重庆需健全完善慈善表彰制度，在稳步推进“重庆慈善奖”评选活动基础上，建议将每年9月5日“中华慈善日”所在周定为“重庆慈善周”。县级以上人民政府按照国家和重庆市有关规定，对在重庆慈善事业发展中作出突出贡献的自然人、法人和非法人组织给予表彰，扎实打造各地慈善品牌，进一步提升重庆慈善事业的社会影响力，让“慈善重庆”真正成为重庆的城市名片，鼓励更多社会力量参与慈善事业，创造更高品质的生活。

第三章 “十四五”时期重庆慈善事业发展的背景与使命

本章作者

谢世麒，重庆医科大学护理学院讲师、博士。

况由志，重庆市慈善总会副会长。

本研究作为重庆市慈善事业“十四五”发展规划的先导性探索，围绕“十三五”时期重庆慈善事业发展述评、“十四五”时期重庆慈善事业发展的背景使命、“十四五”时期重庆慈善事业发展的总体设计、“十四五”时期重庆慈善事业发展的主要任务、“十四五”时期重庆慈善事业发展的预期指标、“十四五”时期重庆慈善事业发展的实施路径与保障措施等六部分展开。形成“基于发展基础和发展成效的问题审视—基于发展阶段和上位要求的目标界定—基于横向对比和纵向沿革的功能研判—基于公益供给和慈善需求的发展任务—基于任务分解和量化测算的指标研究—‘十四五’时期重庆慈善事业发展的实施路径与保障措施”的研究逻辑。

一、“十三五”时期重庆慈善事业发展述评

“十三五”时期，重庆慈善事业发展取得显著成效，开创了崭新局面，站在了新的历史起点。“十四五”时期，推动慈善事业规范化发展和高质量发展，是在新发展阶段深入贯彻落实“五位一体”总体布局、“四个全面”战略布局和“新发展理念”的时代要求，是加快推进国家治理体系和治理能力现代化、市域社会治理体系和治理能力现代化的必然要求。

为此，本部分以“十三五”时期重庆慈善事业发展为基准，通过成绩界定、作用发挥和问题梳理，形成重庆慈善未

来改革发展的问题提炼与归因。在将所面临问题“清单化”的基础上，将上述问题提炼作为未来我市慈善事业改革发展的依据。

（一）“十三五”时期重庆慈善事业的发展梳理

本部分围绕“十三五”时期重庆慈善事业发展成就开展描述和比较，包括慈善氛围、慈善募捐、慈善品牌、慈善能力等角度，形成“十三五”时期重庆慈善事业发展的全方位梳理，并在此基础上作为“十四五”时期重庆慈善事业发展的进一步依据。

1.慈善氛围“加速育化”

“十三五”时期，我市逐步培育形成了“人人重庆，人人慈善”的慈善理念，慈善氛围日益浓厚。重庆市重视且利用多渠道多模式宣传慈善文化，倡导“人人重庆，人人慈善”慈善理念。2015年底，出台发布了《重庆市人民政府关于促进慈善事业健康发展的实施意见》（渝府发〔2015〕44号），提出“以弘扬善行美德为导向，以保障改善民生为目标，以扶贫济困为重点，坚持政府推动、社会实施、公众参与、专业运作，鼓励支持和强化监管并重，大力发展公益慈善组织，不断优化慈善发展环境，积极推进慈善事业健康发展，努力形成与社会救助体系紧密衔接，在弘扬中华民族传统美德、社会主义核心价值观和促进社会和谐中充分发挥作用的慈善事业发展新格局”。上述意见是“十三五”时期重庆慈善事业发展的重要指引，催生了包括慈善意识培育、慈善文化弘扬、慈善理念宣传等在内的一系列举措和成效。

一是积极培育慈善意识。在“十三五”时期重庆全社会普及慈善理念、倡导慈善行为，将公益慈善纳入了精神文明建设的重要内容，纳入了文明城区、文明社区、文明单位的评选范围。鼓励和支持社会各界以各类社会救助对象为重点，广泛开展扶贫济困、赈灾救孤、扶老助残、助学助医等慈善活动，营造起重庆全社会积极参与慈善的良好氛围。尤其需要指出的是，“十三五”时期重庆将“慈善意识培育”摆在重要位置，多方筹措资源、广开资金渠道，形成了地方慈善意识培育的有力支撑。重庆市慈善总会专门设立的慈善文化基金，在“十三五”时期发挥了重要作用。为爱心企业和爱心人士从事慈善文化宣传和研究、帮扶困难弱势群体搭建平台，培育和传播全民慈善理念，为慈善事业发展提供了强大的舆论支持，引导更多的人崇德向善。

二是大力弘扬慈善文化。“十三五”时期，重庆积极构建慈善文化价值理念，将慈善文化与传统文化、企业文化、社区文化、消费文化和传播文化等各种文化“五结合”，推动慈善文化与机关、企业、学校、社区、乡村等各类载体“五进入”，培养公民参与慈善的社会责任感。先后借助“中华慈善日”、表彰“重庆慈善奖”等载体，《重庆慈善杂志》《重庆政协报慈善专刊》等媒体上宣传抗疫捐赠典型人物，举办重庆（中国）慈善诗歌朗诵会等主题活动，颂扬慈善典型。

三是不断强化慈善宣传。“十三五”时期，重庆市委宣传部专门下发了《关于进一步加强慈善事业发展宣传的通知》，市精神文明办开展了“爱老敬老道德风尚奖”评选活动，以宣传典型和表扬善事等作为突破口，成果突出，效果显著。

大力宣传中华民族“乐善好施、扶危济困”的传统美德，宣传诚信友爱、互帮互助的理念，宣传典型慈善人物事迹。在宣传渠道方面，重庆市围绕“以法兴善、助力脱贫”主题，在《重庆日报》、《重庆民政》杂志、重庆民政门户网站开辟《慈善法》专题解读专栏，邀请知名专家学者权威解读慈善法。充分运用重庆电视台、重庆广播电台、重庆华龙网等广播、电视、互联网等媒体，解读慈善政策，普及慈善知识，传播慈善文化。市主流媒体华龙网、腾讯·大渝网、新华网·重庆频道均开设公益板块，其中“巴渝慈善文学”专题持续宣传本土慈善故事，塑造了巴渝慈善文化的力量。重庆市慈善总会主办的《重庆慈善》，重庆13家公益慈善类机构联合出版的正式刊物《公益慈善》，致力于弘扬慈善精神，传播慈善文化，推广慈善项目，宣传慈善人物和故事，报道慈善活动。

2.慈善募捐“稳步运行”

“十三五”时期，我市慈善募捐保持稳步高位运行态势，尤其是在“十三五”后期外部经济环境压力增大、外来冲击等影响下，重庆慈善募捐总额仍保持大体稳定，显示出重庆市慈善募捐较强的“韧性”。

“十三五”时期，初步培育形成了“人人重庆，人人慈善”的慈善理念，慈善氛围日益浓厚。重庆慈善总会共募集款物34.72亿元，各类慈善救助总支出33.13亿元。慈善组织应急募捐取得新突破。截至2020年底，应急募捐（新冠疫情、抗洪救灾）款物逾五亿元。特别是在指导慈善组织参与新冠肺炎疫情防控募捐工作中，全市慈善会系统共募集抗疫款物

4.8亿元，其中市慈善总会本级募集款物3.33亿元，区县慈善会募集款物1.47亿元，为疫情防控工作作出了积极贡献。疫情款物使用规范，审计署等审计部门给予了肯定。指导慈善组织着眼社会民生短板，打造品牌慈善项目取得新突破。“十三五”期间设立13支1000万元以上的“大病医疗救助基金”，助力解决农村因病致贫、因病返贫问题。继续深入开展精准扶贫工作，在18个深度贫困乡镇分别建立脱贫攻坚后期扶持基金，每支基金规模分别为100万元，用于巩固脱贫成果，防止返贫。“十三五”时期市慈善总会设立了十三支大病救助基金。“助浴快车”项目已为20个区县，1万多名失能半失能老人提供服务。

表3-1 “十三五”时期重庆慈善总会市本级筹募慈善款物

	2016	2017	2018	2019	2020
总会市本级筹募慈善款物	4.67亿元	5.36亿元	5.92亿元	5.35亿元	9.9亿元

在近年经济下行压力增大的情况下，重庆慈善总会仍保持了筹募总额的平稳发展。其中，腾讯“99公益日”募捐取得重大进展，2020年募捐额在全国排名第一，在原有网络捐赠平台的基础上，新入驻了轻松筹、美团公益等5个互联网募捐平台。截至2020年4月，重庆市慈善总会累计有慈善信托4笔，备案金额310万元。

3.慈善品牌“逐步成型”

“十三五”时期，重庆积极打造并基本形成了具有重庆特色的慈善品牌活动。《重庆市人民政府关于加强和改进新时代民政工作的意见》（渝府发〔2019〕22号）中提出，“全力打造慈善环境良好、群众参与广泛、社会文明和谐的‘慈善重庆’品牌”。在重庆市民政局领导下，全市慈善组织、社会组织、志愿者组织协同，慈善品牌创建取得长足进步。

一是助力脱贫攻坚，形成了多角度参与扶贫的慈善品牌。企业积极参与产业扶贫，包括渝丰线缆、博赛集团、华宇集团、深圳引路者集团在内的企业，帮助石柱、城口、奉节、酉阳等贫困县改造基础设施、因地制宜发展旅游、特色种植等产业。市属重点国有企业捐款5000万元，专项用于四个深度贫困区县精准扶贫。健康扶贫“亮点频现”。金山科技集团、重庆力隆生物技术发展有限公司等企业单位向基层卫生院捐赠医疗设施1836万元。中华慈善总会通过药品援助等方式，救助癌症患者1.1万人次。西南医院、普瑞眼科医院、格林医院、芳华医院等，救助贫困患者6.45万人次。教育扶贫持续开展。银鑫集团、融汇集团、京师（重庆）律师事务所、瀚华金控、福彩中心等爱心企业和单位，围绕资助贫困学生、改善农村教育设施“授人以渔”；西部之星助学、关爱留守儿童之家等项目，使贫困学生及留守儿童2200余人受益。

二是着眼社会民生，以慈善供给补充公共服务短板。打造大病医疗救助基金项目。打造社区阳光基金项目。重庆慈善总会与中国石油天然气集团公司共同发起成立“社区阳光基金”项目，在主城九区、两江新区、彭水县和永川区的18个社区开展试点。项目通过帮助城镇社区群众解决突发性、临时性困难，有效促进互助友爱的和谐社区建设。持续动员爱心企业开展“慈善情暖万家”慰问活动。对酉阳、彭水、城口、秀山、石柱县等13个深度贫困区县和少数民族地区，及市革命伤残军人康复院等单位的困难群众、部分环卫困难职工进行走访慰问，把党委政府的关怀和社会的爱心送到他们心中。此外，还打造了“大病救助基金”“社区阳光基金”“助浴快车”“健康扶贫·光明助困”等品牌慈善项目。

三是慈善国际交流迈出新步伐。成功举办第二届“一带一路·手拉手”十国少年中国行重庆站活动，来自缅甸、柬埔寨、蒙古国、俄罗斯等十国的104位少年，在3天时间里深入人民小学开展交流、参观重庆部分景点，身临其境地了解了蓬勃向上的现代中国和开放活力的重庆城市形象。本次活动受到市政府和中华慈善总会的高度赞扬，为铺筑“一带一路”中外青少年之间的友谊桥梁作出了贡献。

4.慈善能力“不断夯实”

慈善能力是慈善氛围、慈善募捐、慈善品牌的支撑，是慈善事业可持续发展的坚实保障。“十三五”时期，重庆慈善事业着眼于提升保障能力、引领能力、专业能力、研究能力，发展基础不断夯实。

一是以重庆市慈善总会党组织建设为抓手，不断完善重庆慈善系统治理能力。扎实开展党建学习，举办专题党课，确保重庆慈善事业沿着正确方向前行。重庆慈善系统深入贯彻落实《慈善法》，修订《重庆市慈善总会财务管理办法》《重庆市慈善总会专项基金管理办法》等一批内部管理规章制度。严格遵守慈善信息公开制度，定期通过华龙网、大渝网和总会网站向社会公开善款收入、使用情况，公示总会财务报告，自觉接受各方面的管理监督。坚持节俭办慈善，在总会层面，“十三五”时期行政经费支出占各年支出总额的比例为1.4%左右，低于《慈善法》规定的10%的比例。

二是着眼提升专业能力，慈善业务培训保障有力。以集中培训会的方式，邀请腾讯公益基金会、中华儿慈会、河南省慈善会、重庆市慈善总会等有关组织的专家开展了互联网募捐、慈善项目策划与执行等方面的培训，提升慈善组织的专业能力及其素养。重庆市慈善总会召开了二十余场“互联网+慈善”论坛，采用多种培训方式，进一步提升基层慈善组织及工作人员的能力，是一项适应新时期慈善事业发展的有力举措。以慈善工作队伍建设为重点，强化基层基础建设，夯实慈善工作根基。

三是理论研究及调查研究不断取得新突破。在重庆慈善总会层面，完成了《重庆市慈善事业发展报告（2018）》《重庆市慈善事业发展报告（2019）》，开展了《重庆慈善事业“十四五”发展规划研究》和《重庆“互联网+慈善”发展研究》课题，启动《重庆慈善蓝皮书》的编写。推动中慈联、腾讯公益基金会与市慈善总会共同设立了“互联网+慈善”研究基地，是全国第一个关于“互联网+慈善”的研究基地。与此同时，通过“助浴快车”项目调研、“社区阳光基金”救助项目调研、腾讯“99公益日”专项调研，对进一步做好慈善项目提出了整改意见。

四是制度化建设健全覆盖。重庆先后出台《关于大力培育发展社区社会组织的实施意见》（渝民发〔2018〕36号）、《关于规范和发展民办社会工作服务机构的意见》（渝民发

〔2018〕39号)、《关于加强社会工作专业岗位开发与人才激励保障的实施意见》(渝民发〔2018〕41号)、《关于加快推进“三社联动”的指导意见》(渝民发〔2018〕42号)四个文件，对全市社区社会组织及民办社会工作服务机构规范与发展、基层社会工作专业岗位开发与人才激励保障、社区与社会组织和社会工作“三社联动”加快推进等作了较为全面的制度设计。

(二)“十三五”时期重庆慈善事业的功能作用

慈善事业是社会文明进步的重要标志，是社会保障体系的重要组成部分，是打赢脱贫攻坚战、决胜全面小康的重要力量，在重庆经济社会发展大格局中具有重要作用。大力发展重庆慈善事业，引导社会力量开展慈善救助帮扶，有助于培养公众的道德责任感、促进人与人和谐相处、整合社会资源、缓解分配差距、化解社会矛盾、促进社会公平。

党的十九大报告明确提出“必须始终把人民的利益摆在至高无上的地位，让改革发展成果更多更公平惠及全体人民，朝着实现全体人民共同富裕不断迈进”，并要求完善社会救助、社会福利、慈善事业等制度。“十三五”时期以来，重庆市在大力推进经济发展的同时，坚持民生优先，下大力气改善社会民生，并积极倡导社会力量参与扶贫济困，鼓励和支持慈善事业发展。充分调动、集聚社会各界的力量共同努力，在整合社会、协调利益关系、公共服务供给等方面取得了良好成效。

1. 慈善成为重庆的城市名片

近年来，国家积极倡导“慈善城市”，并以此为契机提升城市综合实力和社会影响力。在“美食”“美景”等重庆名片之外，“美德”“善行”“美好心灵”等软实力正在打造成为重庆新时代的亮丽名片。“善的力量”重庆公益慈善文化展、公益慈善事业发展交流会等系列活动，是推动重庆城市公益的一个良好开端，为新时代重庆公益慈善事业的发展做了很好的探索。重庆作为一座充满爱的城市，在全市上下热心公益、乐于奉献中，涌现出大量感人肺腑的人和事。既有众多企业和个人慷慨解囊，捐资助学、兴建公益设施的义举，也有各种社会团体积极开展扶贫济困、安老助医的善行。这些善行义举生动具体地表现了社会主义核心价值观，提供了有温度、接地气、散发泥土芬芳的鲜活素材。重庆市慈善总会始终紧扣筹募救助主线，围绕安老扶幼、助残济困、赈灾救援、助学兴教、公益援助、道德教化等民生重点开展工作，取得了显著成效。一是坚持把公信力建设放在首位，赢得了社会各界对慈善工作的信赖和支持；二是坚持以项目和慈善品牌为牵引，开展多渠道募捐，形成了稳固善源、持续实施救助的长效机制；三是坚持把慈善扎根在民众当中，积蓄了发展慈善事业的深厚土壤；四是坚持服务回馈爱心企业和爱心人士不松懈，形成了慈善事业发展的激励机制；五是坚持推进宣传工作和慈善文化研究，营造了“人人重庆、人人慈善”浓烈氛围。

2. 慈善力量助力重庆脱贫攻坚

慈善事业作为“第三次分配”的重要组成部分，在重庆脱贫攻坚行动中充分发挥了“补位”性功能，全方位参与新时代各项建设事业。“十三五”时期，重庆市慈善总会把助力脱贫攻坚作为慈善发展的首要任务，将慈善力量拧成一股绳，打出慈善扶贫组合拳，既有“硬投入”，又有“软服务”，还有“可持续”，实现慈善扶贫效益最大化。据统计，2016年至2020年，市慈善总会共筹募款物34.72亿元，其中用于全市脱贫攻坚的款物共计27.65亿元，占80%；帮扶贫困人口123万人次，成为我市社会力量扶贫的主力军。

在顶层设计和统筹整理层面，重庆不断强化对社会组织参与脱贫攻坚的政策规范和引导，强化脱贫攻坚项目实施的监督管理，增强社会组织参与脱贫攻坚工作的透明度。并对社会组织开展脱贫攻坚提供信息服务和业务指导，鼓励其参与脱贫攻坚资源动员、配置和使用等，建立起协作顺畅、充满活力的社会组织参与本行业、本领域脱贫攻坚工作机制。重庆慈善组织从帮助困难群众解决最直接、最现实、最紧迫的问题入手，与全市脱贫攻坚形成合力，有效发挥了慈善事业灵活、快捷等优势。通过多渠道整合帮扶资源，集中力量解决济困、救孤、助残等关系贫困群众切身利益的具体问题。围绕贫困地区产业发展基础和发展定位，整合行业资源发展高山蔬菜、中药材、林果、乡村旅游等扶贫特色产业。“十三五”时期以来，重庆市级慈善组织设立扶贫专项基金20余项，用于脱贫攻坚公益支出逾5亿元。

按照“精心组织，广泛参与；发挥优势，主动作为；形式多样，注重实效；依法依规，信息公开”的原则，重庆市慈善总会代表全市慈善组织向各级社会组织发出的四条倡议：一是高度重视，认真组织，广泛动员单位会员、个人会员积极参与，壮大脱贫攻坚的参与范围和力量，营造人人参与扶贫的社会氛围，为重庆打赢脱贫攻坚战做出积极贡献。二是鼓励各类主体发挥社会组织自身专长和优势，以各自独有的特殊功能，在承担公共服务、提供智力支持、实施帮扶项目、协助科学决策等方面主动作为，积极参与定点扶贫、产业扶贫、教育扶贫、健康扶贫、捐助扶贫、志愿扶贫。集中主要力量，集中主要资源，向重点贫困乡镇倾斜。三是积极面向贫困地区开展扶贫活动；主办、承办相关活动，优先选择在贫困地区举行，积极与贫困地区经济发展、招商引资、扶贫开发等相结合，通过设立慈善信托、实施扶贫项目、结对帮扶、捐赠款物、消费扶贫、资助贫困地区公益慈善组织等方式，参与贫困地区脱贫攻坚工作。四是各类社会组织建立健全公益项目运作规范管理制度，确保脱贫攻坚工作依法依规、依章程规定进行。主动对接政府扶贫工作计划和扶贫工作部署，并通过互联网等多种途径及时、全面地公开扶贫相关信息，自觉接受社会监督，确保“真扶贫”“扶真贫”。

3. 慈善资源推动重庆发展

发展慈善事业的实质是通过社会化的方式为有需要者提供相应的援助，除了款物接济外，慈善资源通过提供各类有效的服务，在重庆社会建设、社会发展方面发挥重要价值。《慈善法》设立慈善服务专章，对慈善服务的界定、原则、提供主体与方式、标准与流程做出了详细规定。除扶贫、救灾、救助、济困等传统的慈善行为之外，提升公众生活水平、促进社会和谐发展的各项功能均在慈善服务的范畴之列。这大大拓展了慈善服务的边界，也扩充了慈善事业发展的空间。依据《慈善法》，重庆将慈善活动从传统救助领域拓展到科技、教育、文化、体育、环保、创业就业、家庭支持、社区发展、行业支持以及文化遗产保护等方面，实现慈善服务领域全覆盖。

“十三五”时期，重庆慈善组织充分利用社会组织数量多、贴近群众、专业性强的优势，着重在化解社会矛盾、平衡财富差距，扶助弱势群体、促进社会和谐等方面开展业务活动，将实实在在的服务送到百姓身边。一是密切联系政府部门，获得需求信息、政策扶持和工作支持，促进慈善资源与政府社会救助系统、居民家庭经济状况核对系统的对接，开通急难救助信息平台，将求助人和慈善资源自动匹配，实现慈善救助流程信息化、动态化、实现全程可追踪；二是深入基层开展教育、医疗、养老、救孤、助残等慈善项目，同时运用专业能力为困难群体扶贫扶智、培力赋能，激发他们对美好生活的向往；三是结合产业扶贫、文化扶贫、技术扶贫和生态扶贫，广泛开展返乡青年创业、乡村社区建设、农村群众性文化活动、农村生态环境治理等创新项目，探索慈善力量综合扶贫的新路径。

（三）“十三五”时期重庆慈善事业发展的问题提炼

“十三五”时期，重庆慈善事业取得了长足进步，但与“慈善重庆”的目标相比尚有距离，与“十四五”规划建议中

“发挥第三次分配作用，发展慈善事业，改善收入和财富分配格局”的要求相比仍面临相当的制约瓶颈。表现为慈善氛围和慈善生态有待成熟、慈善资源和慈善要素有待整合、慈善品牌和慈善形象有待树立、慈善能力和慈善研究有待突破、慈善事业与志愿服务有待联动等方面。

1.慈善氛围和慈善生态有待成熟

重庆市公益慈善事业近几年发展迅速，尤其是以市慈善总会牵头参与的“99公益日”“中华慈善日”活动等，打响了重庆慈善事业的品牌效应，慈善活动初具规模和影响力。但与慈善事业发达地区以及发达国家相比，作为与政府、企业相对独立的第三部门，重庆市慈善行业的生态链尚未形成。

我市在全国公益慈善活动中几乎“集体失语”。近年来，各地越来越重视通过举办或参与经常性的公益慈善活动，影响和推进当地的公益慈善事业。在这方面，我市不仅远远落后于北京、上海、天津三个直辖市，而且被邻近的四川省甩开了一大截。

表现之一，是我市在中国城市公益慈善指数中排名滞后。该指数是我国评估城市公益慈善发展水平的重要工具，自2011年开始发布后，北京、上海、深圳一直遥遥领先，如第四届中国城市公益慈善指数百强榜上，北京市以总分第1名蝉联“首善之城”，上海列第2名。7个入选的西部城市中，四川省占了一半，即成都市（第9名）、遂宁市（第11名）、乐山市（第27名）和攀枝花市（第44名）。其余三个城市是云南昆明（第56名）、内蒙古呼和浩特（第68名）和甘肃张掖（第69名），直到2018年的城市慈善指数评定中，重庆才“初上榜单”，获第14名。

表现之二，是我市在全国公益慈善活动中“几近隐形”。近年来，各地十分重视通过公益慈善活动构建政府、社会组织和企业三方跨界合作的新机制，形成凝聚正能量的社会公益生态圈。如上海把“公益”作为社会主义核心价值观的最大公约数，“上海公益伙伴日”已连续举办10届，吸引和动员全社会各界人士，“广怀仁爱之心，广行济困之举”，展示上海国际化大都市的公益慈善新形象。深圳·中国公益慈善项目交流展示会（简称“中国慈展会”）连续举办8届，“天津公益行”迄今举办了5届，成都慈善交流会（简称“慈交会”）连续举办了6届。我市在上述领域缺少作为，与国家中心城市的影响力不相称。

表现之三，是我市慈善表彰奖励制度尚处探路期。慈善是人类一项崇高的事业，建立慈善表彰奖励制度，是适应我国慈善事业蓬勃发展态势的必然要求，是吸引鼓励社会各界参与慈善事业的重要手段，是引导慈善行为、提升慈善效果的重要途径，是培育和践行社会主义核心价值观的重要方式。中国慈善领域最高奖“中华慈善奖”已经连续评选表彰10届；自2011年以来全国近二十个省区市以当地政府名义开展过相关慈善奖励表彰活动，如“首都慈善奖”“江苏慈善奖”“八闽慈善奖”等，还有许多地方建立了相应的表彰奖励制度。“重庆慈善奖”自2009年首届评选表彰后，直至2019年才再次开展评选，相关的机制仍需继续完善。

2. 慈善资源和慈善要素有待整合

一是慈善资源的分配不平衡。目前重庆慈善市场仍存在供需不平衡的现象。慈善捐赠的总量在不断上涨，捐赠的主体也在不断增加，但是在深挖捐赠需求、拓展捐赠途径、创新捐赠形式等方面还有待提高。目前主要的慈善捐赠局限于一些传统的特困、贫弱对象，对于更高层级的社会服务需求的探索较弱。一方面是慈善捐赠的体系还不够清晰、明确，不利于慈善市场中供给方的良性发展，也会在一定程度上削减大众对慈善事业的认同感与参与热情；另一方面是草根组织的资金筹集较为困难，社区层面的慈善资源较为有限，只能将资金来源寄托于政府购买服务或公益创投，筹集方式与渠道的有限性为筹资增加了难度。

二是发展环境有待进一步优化。法规制度建设还相对滞后，立法层级不高。政府向慈善组织转移职能和购买服务尚缺乏制度化、常态化、规范化的机制，支持重庆慈善组织改革发展的法规政策还很有限，等等。行业自律监督体系尚未形成。行业自律、社会监督和政府监管是慈善事业公信力的重要保障，也是慈善事业健康发展的重要环节。重庆市目前缺少慈善行业组织，行业服务的职能一般由各级慈善会或少量枢纽型组织承担。需要进一步加强行业自律职能，建立行业自律机制，制定行业投诉举报应对机制、行业自律规范体系和行业重大事件调查等制度，以应对各类风险和突发事件。尤其是慈善领域发生的热点焦点事件，若未及时发出理性、客观、专业的权威声音，很容易发酵成为伤及慈善公信力的危机。对于慈善组织自身建设而言，加强行业自律有利于推动慈善组织的专业化、职业化、规范化发展。建议重庆市成立行业组织或委托慈善总会承担相应职能，打出慈善行业自律的组合拳。

三是救助与慈善资源尚未实现互补，合作领域有限。近年来，重庆市民政局不断完善社会救助政策，健全社会救助机制，规范社会救助程序，创新社会救助举措，提升社会救助水平，为助推脱贫攻坚、保障城乡困难群众基本生活作出了积极努力。但是，与发达地区的慈善组织相比，重庆市慈善组织参与社会救助的能力和作用还比较弱。例如，重庆市社会救助基金会2018年全年对1971人实施救助，支出救助金2722万元，虽然已经是历年最好水平，但是仍然没有充分发挥慈善救助对政府救助的辅助作用，慈善救助与政府救助的衔接仍处于较低水平和较低层次。而在2020年度，重庆市社会救助基金会的救助实施金额与前两年相比变化不大。重庆市相关部门虽然采取政府购买社会组织救助服务的形式来实现社会救助和慈善力量的连接，但是依然存在资源互补缺位，合作机制缺失，资源支持匮乏等诸多问题与困境。目前重庆市社会救助中的扶贫、医疗救助、教育救助和灾害救助与慈善组织衔接合作较多，还处于重生存型救助轻发展型救助的“初级阶段”，其他民生领域的慈善救助还有待于开发。其次，在社会救助的覆盖领域方面，依然存在中心城区与周边区县资源分布不平衡的现实困境，主城区社会救助行动已经深入到社区为老、为小、福利服务层面，而各区县的社会救助依然停留在困难群体帮扶阶段。民政等政府部门的社会救助模式单一、流程繁琐、普惠性强但个性不足，对于困难群众的个性化需求难以满足。为解决这一问题，完全可以借力慈善组织的专业性和多元服务实现帮扶各区县受助群体的救助目标。最后，社会救助和慈善事业的衔接过程中要根据不同的救助类型规定不同的衔接方法，需要全面规划慈善组织助力社会救助的实现路径，对实现合作的志愿者资源，财力物力资源等要牢牢把握互通互联、相互补充的基本出发点，才能以点带面，全方位、立体式织牢织密资源互补保障网。

四是“救助+慈善”合作机制需要创新。当前重庆市慈善组织与政府、慈善组织之间的合作基本上是零星、随机的合作形式，“救助+慈善”模式在扶老、助残、救孤、济困、赈灾、社区服务等领域发挥作用还比较有限，尤其在医疗救助与教育救助两个重要民生关切领域，亟需建立政府救济与慈善救助协同合作的创新机制，构建惠及广泛，运行高效的保障网。重庆市慈善总会可以尝试建立社会精准救助平台，一方面与政府保持信息通畅，精准识别救助对象；一方面与社会连接，动员企业、社会公众、媒体、医院、社会组织等各方资源，同时创新“慈善+保险”手段，对困难群体采用“政府救济+保险保障+慈善兜底”的联合救助模式，为重庆市困难群体建立牢固保障。此外，慈善组织参与社会救助存在一定限制因素。当前重庆市慈善组织参与社会救助依然面临资金来源的非稳定性、非专业化、非独立性，慈善行为的志愿性、非经常性、非固定性等主要困境。慈善组织参与社会救助的能力较弱。

3. 慈善品牌和慈善形象有待树立

一是慈善领域标准化建设不足。在发达国家，慈善领域经过长期发展，逐渐形成了独立的第三方筹款机构、评估机构、监督机构、服务联盟等行业性组织。包括广州、上海等慈善事业发展先进地区也在积极实践和探索标准化机构的建立。标准化对于慈善组织治理的专业化、人才的专业化、项目执行的专业化等具有重要的意义，需要尽快出台相关措施，并依托市民政局统筹规划，建立和完善重庆慈善事业标准化体系。民政部门应尽快筹划成立重庆市慈善标准化技术委员会，制定和实施各类地方标准、行业标准、团体标准，与法规政策相配套，拟定涵盖组织治理、财务透明、慈善服务、资格认证、慈善从业人员守则等的团体标准，促进行业公开透明和规范有序。

二是慈善品牌“树而未立”。“十三五”时期，重庆慈善总会互联网募捐实现了从零到具有全国影响力的历史性跨越，慈善品牌加速形成中，但尚缺“临门一脚”。从2016年互联网募捐总额25.7万元到2020年募捐额4.2亿元，“硬实力”已经彰显，在全国有一定名气，但还没有突出而鲜明的重庆城市慈善品牌。在“十四五”的前期，时值疫情防控巩固关键期、洪涝灾害灾后恢复重建期、经济社会发展恢复提振期、成渝地区双城经济圈建设重大战略机遇期，重庆慈善组织需要在做大慈善总量、优化慈善质量的基础上，进一步思考“唱响慈善品牌”、打造“慈善重庆”的路径。重庆市重视且利用多渠道多模式慈善文化宣传，倡导“人人重庆，人人慈善”的慈善理念，需要将重庆本土文化中的“急公好义”升华为慈善文化中的“乐善好施”。

4. 慈善能力和慈善研究有待突破

一是市级公益慈善行业组织功能缺位。公益慈善事业的发展需要公益慈善类行业组织的引领。为此，党的十八届三中全会将公益慈善类组织、行业组织列为重点培育目标。目前公益慈善类行业的枢纽型社会组织在国家层面有中国慈善联合会（2013年成立），在地方层面上，各主要城市都成立了相应组织，如北京公益慈善联合会（2007年成立）、广州公益慈善联合会（2014年成立）、成都公益慈善联合会（2014年成立）、深圳慈善事业联合会（2016年成立）等，它们在行业政策倡导、制定行业规范、开展协调服务、推进交流合作、实施行业监督等方面发挥了重要作用。我市公益慈善类行业组织重庆慈善总会于1995年成立，近年来在社会动员、扶危济困、救急救难、促进和谐等方面发挥了一定作用，但它主要履行的是基金会的功能，行业组织的功能弱化甚至缺位，已成为制约我市公益慈善事业快速发展的重要因素。

二是面临着重庆改善民生的慈善资源需求和慈善能力有限的矛盾。在四个直辖市中，重庆的城市最低生活保障人（户）数、农村最低生活保障人（户）数、农村特困人员救助供养人数仍较多。相比之下，我市公益慈善规模小，水平低，培育发展社会组织的力度小。目前，鉴于社会组织在公益慈善事业发展中的重要地位，北京、上海、深圳、四川等纷纷出台政策，建立市级、区（县）、镇（街）三级社会组织孵化培育平台，同时支持当地高校和其他社会力量成立公益慈善研究机构，如首都师范大学、上海交通大学、深圳大学等纷纷成立公益慈善研究院，成都成立了社会组织学院，以理论与实践纵深结合，推进本土慈善事业发展。截至2020年11月，我市市级层面建有6个孵化基地，南岸区、渝中区、江北区、大渡口区等29个区县建了78个孵化基地，尚有9个区县没有建立。镇（街）社会组织培育平台体系亟待建设。我市目前还没有专门的慈善研究机构，也没有相对稳定的研究队伍。重庆相当一部分慈善组织服务能力不强，与承接政府转移职能和购买服务的要求相比、与社会的期待相比还有较大的差距。部分重庆慈善组织内部治理结构不健全，少数自律管理不规范，依法按章办会意识不强。

三是社会工作服务力量较弱。重庆市通过积极培养社区社会工作专业人才、拓宽社区社会工作服务平台、分类开展社区社会工作服务等措施大力推进了社区社会工作服务。但是总体来看，社工数量少、分布不均匀仍然是最主要的问题。截至2019年2月，重庆市有民办社会工作服务机构291家，其中市级15家，区县级276家。从地域来看，各区县都有涉及。其中拥有民办社会工作服务机构数量最多的前五个区县全部集中在主城区，分别是九龙坡区（36家）、江北区（21家）、沙坪坝区（18家）、南岸区（14家）和渝中区（13家）。渝东北三峡库区万州区最多（11家），巫山县最少（1家）。渝东南黔江区最多（8家），石柱县最少（2家）[①]。区域间的差异表明，主城区以外的区县在社会工作机构方面存在短板，需要聚焦其社会服务需求，加大供给力度，提升社会工作发展动力。目前重庆市拥有持证社工12291人，与东部发达地区相比还有较大的差距（苏州市持证社工13450人），而且主要集中在主城区，在一些落后区县，社工更为稀缺，存在城乡不平衡的现状。为规范支持社会工作服务市级财政补助资金

① 重庆市民政局：《重庆市民办社会工作服务机构汇总表》，2019年2月。

管理、提高资金使用效益，重庆市民政局、市财政局联合印发了《支持社会工作服务市级财政补助资金管理办法》和《市级财政补助资金支持社会工作服务项目实施方案》。但是实际运作中，仍然无法实现城市社区平均拥有10个以上社区社会组织、农村社区平均拥有5个以上社区社会组织，每个城市社区有2名以上社会工作专业人才、每个农村社区有1名以上社会工作专业人才目标。究其原因，主要是资源的支持力度不够，资源的分布不均，配套实施办法不到位所致，还需要进一步思考针对城市社区和农村社区服务对象的不同，如何依据社会工作的服务重点，在社会福利、社会救助、慈善事业、社区建设、婚姻家庭等服务领域精准投入资源。

四是社会工作和志愿服务研究不够深入。重庆市具备优质的高校人才和科研资源，但是社会工作和志愿服务领域的发展并没有充分发挥人才智库作用，用于指导社会工作实践。重庆市完全可以依托高校和社会工作服务项目承办单位开展社会工作理论与实务研究，及时总结经验，提炼成果，从而不断提高社会工作服务成效。当前重庆市还仅限于采取总结会议、报告材料的形式总结研究社会工作服务的方法经验。第十四届中国（重庆）老年产业博览会暨2019美好生活嘉年华国际养老先锋论坛、2021中国互联网公益峰会的成功举办让我们看到了重庆市社会工作广开言路，吸纳专家学者参与养老产业问题，社会工作理论方法探讨的趋势。在未来，社会工作的各领域都需要建立与高校学者智库联系的思路，扩大社会工作研究领域，推动社会工作科学化是大势所趋。

5.慈善事业与志愿服务有待联动

“十三五”时期，重庆市市民政局、市文明办、团市委联合发布了《重庆市志愿服务记录办法》(2017年)，这是重庆市第一个多部门联合规范志愿服务记录的文件。制度实行两年以来，在建立完善社会志愿服务体系的基础制度，加强志愿者队伍建设、推进志愿服务健康有序发展方面起到重要推动作用。但从慈善事业和志愿服务整体发展的角度来看，依然存在制度建设不完善、配套措施不足、信息化建设不全等问题。

一是常态化动员制度缺乏活力。重庆市善脉深厚，热心公益的志愿者层出不穷，《志愿服务条例》的出台，一定程度上实现了志愿者的规范管理。但是当前重庆市志愿者多数依然以项目活动集结，很多志愿者活动结束后便失去了对他们的常态化管理，下一个项目开始又启动志愿者招募、选拔、培训，一方面造成志愿服务资源的重复、浪费；另一方面，缺乏对志愿者的常态化管理势必会影响志愿服务的成效。应建立与志愿者的日常联络通道，对志愿者进行建档管理，以志愿活动充分调动其参与积极性，让志愿服务网络更加稳固，实现志愿资源的合理流动。

二是志愿者转化为专业社工的配套措施不足。《社会工作专业岗位开发与人才激励保障的实施意见》的实施已经表明了政府部门对于志愿者和社会工作者实现流动建立了政策框架，而与此配套的选拔标准、培训体系、激励机制等配套措施却迟迟未落地。优秀志愿者、志愿服务组织和志愿服务项目的评选表彰工作能起到对志愿者的激励作用，一定程度上为保障志愿者持续性、稳定性起到正向促进作用，为发展其成为专业社会工作者提供了通道和途径。实现社会工作专业人才和志愿者的互动、流动，可以更好引领提升志愿服务的专业化、组织化水平，丰富社会工作专业人才资源，拓展社会工作专业服务范围，增强社会工作专业服务效果。

三是志愿服务信息化管理未充分发挥作用。当前，重庆市在志愿活动信息采集系统建设，全市志愿服务信息系统推广使用和志愿服务数据信息归集方面还有待加强，虽然建立了专门的志愿者服务网站和志愿者信息登记平台，但是数据更新和定期筛选维护工作并没有及时跟上，难以通过大数据分析、指导和推动志愿服务工作。建议统筹整合志愿者数据资源，以更加方便、高效的形式为培训志愿者的专业化程度，使得志愿服务信息管理精细化、完整化。

二、“十四五”时期重庆慈善事业发展的使命

2021年3月，《中华人民共和国国民经济和社会发展第十四个五年规划和2035年远景目标纲要》（以下简称《十四五规划》）对外公布。《十四五规划》提出：发挥慈善等第三次分配作用，改善收入和财富分配格局。发挥群团组织和社会组织在社会治理中的作用，畅通和规范市场主体、新社会阶层、社会工作者和志愿者等参与社会治理的途径，全面激发基层社会治理活力。上述新要求是“十四五”时期重庆慈善

事业发展的背景，也是“十四五”时期重庆慈善事业发展使命。

（一）慈善事业需要立足“第三次分配”的新定位

《十四五规划》将慈善事业纳入第三次分配，是对于慈善事业在我国定位的新突破。《十三五规划建议》中，慈善事业的发展被列入第七章“坚持共享发展，着力增进人民福祉”第五部分“缩小收入差距”，明确提出要“调整国民收入分配格局，规范初次分配，加大再分配调节力度”，但并未作为“第三次分配”的组成部分。《十三五规划建议》中关于慈善事业的具体表述是：支持慈善事业发展，广泛动员社会力量开展社会救济和社会互助、志愿服务活动。完善鼓励回馈社会、扶贫济困的税收政策。《十三五规划纲要》中，第三十六章是关于缩小收入差距的论述，包括完善初次分配制度、健全再分配调节机制、规范收入分配秩序三个小节，但并未提及关于慈善事业发展的相关论述，而是将其放在第六十四章“改革完善社会保障制度”中，“大力支持专业社会工作和慈善事业发展，健全经常性社会捐助机制。广泛动员社会力量开展社会救济和社会互助、志愿服务活动”。因此，在“十三五”期间，慈善事业的定位是“以扶老、助残、爱幼、济困为重点的社会福利制度”的一部分，属于社会保障制度的一部分。该定位与表述和《十二五规划纲要》保持着相对一致性和承接关系，都是把发展慈善事业放在了关于社会保障体系建设的章节中。

而在2019年10月31日中国共产党第十九届中央委员会第四次全体会议通过的《中共中央关于坚持和完善中国特色社会主义制度 推进国家治理体系和治理能力现代化若干重大问题的决定》中，将“坚持按劳分配为主体、多种分配方式并存”列为社会主义基本经济制度。在其中，除初次分配、再分配之外，明确提出了“第三次分配”，要求“重视发挥第三次分配作用，发展慈善等社会公益事业”。该提法在《十四五规划》中继续体现，即在“完善再分配机制”一节中，再次提出“发挥慈善等第三次分配作用，改善收入和财富分配格局”。

从“社会保障体系的组成部分”，到“作为社会主义基本经济制度的分配制度的组成部分”，这意味着“十四五”时期慈善事业的重要性进一步凸显。将“发展慈善事业”与“改善收入和财富分配格局”相联系，必然要求慈善事业各类相关主体从更高的站位中谋划和研判“十四五”时期慈善事业发展思路。

第三次分配是促使资源和财富在不同社会群体间趋向均衡的微循环行为，是社会主体自主自愿参与的财富流动。较之于初次分配更关注效率、再分配以强制性来促进整体公平正义，第三次分配体现社会成员的更高精神追求，“在道德、文化、习惯等影响下，社会力量自愿通过民间捐赠、慈善事业、志愿行动等方式济困扶弱的行为，是对再分配的有益补充”。初次分配是以市场为主导的“要素合作博弈”，使要素总体贡献最大化；再分配是政府在公平正义等国家价值导向下的“强制性干预”；而第三次分配是在向善、为公、乐施等社会价值理念的引导下，在法律政策的鼓励和促进下，由既看得见又看不见、并非由利益驱动或公权力强制、却充满活力的“社会之手”所推动的。

第三次分配中参与分配的主体、内容和涉及领域呈现四个新特点。一是资源贡献者已不局限于社会财富金字塔顶端的少数个体或家族，而广泛覆盖大部分的社会群体。几十年来，很多国家和地区中慈善捐赠主体正呈现“平民化”“中产化”的发展趋势。统计发现近年来我国中等收入群体在各类基金会中的捐赠占比不断提高，呈现出广大中产阶层日益增长的公益热情和慈善文明。这一趋势有学者用实验经济学的“温情效应”研究来解释：第三次分配中不仅受赠方的获得感、幸福感和安全感增加，捐助者的成就感、意义感也在增加。二是志愿性属性给贡献者以“主动性、选择性”，即选择慈善支持的内容和方式。内容上，慈善行为已超出货币或实物捐赠，形式多样的志愿服务等公益慈善行为愈发普遍；方式上，技术进步为慈善行为开辟了新的方式与渠道，例如网络捐赠、社交平台捐赠和众筹等。公益慈善行为的内涵更加丰富，不仅体现为财富和实物直接从拥有者流动到匮乏者的模式，更包括有情怀和理念的捐赠者自发建设或者支持建设能使公众受益、社会受益的公共产品与服务。三是所涉及行业已从最初的扶贫济困扩展到教育、医疗、文化、体育、环保等诸多领域，惠及民生领域广大公共事业的进步。尤其是在经济社会发展越发依靠更有创新性的高等教育和科学技术进步的当下，一些可能产生突破性、颠覆性成果的基础科研和技术转化领域，其高投入、高风险、长周期的特点以及一旦突破后对公共利益的提升、对科学事业的普遍性贡献，得到越来越多的关注与投入。四是蕴含的价值取向突破了纾困扶弱的局限，开始具备了鼓励科学探索、推进社会进步、造福全人类、促进世界更加和平和谐等深刻意蕴。“分配即正义”，分配本身都包含着价值取向。在初次分配中刻意增加劳动报酬的比重，这是明确的价值观导向；在再分配中调节城乡、区域、不同群体间的分配关系，促进共同富裕，同样给予十分明确的价值取向。而在第三次分配中，社会力量所从事的民间捐赠、慈善事业、志愿服务等方式都有着深刻的价值内嵌，其行为本身也彰显着大爱与共享的理念，带动着“滴水之恩涌泉相报”“知恩报效爱心传递”等公益慈善文化的融入与传播，促进社会主义核心价值观的弘扬与升华。

（二）慈善事业需要发挥“治理体系和治理能力现代化”的新功能

“社会主要矛盾的变化是关系全局的历史性变化，对党和国家工作提出了许多新要求。”其中，对于未来慈善事业的具体政策也提出了新要求。一是要求慈善事业实现深化发展，以回应人民所向往的美好生活，而社会公共福利事业的发展离不开多元主体尤其是慈善事业的参与。二是要求社会治理的现代化水平实现提升，为此政府的治理措施和手段必须要符合科学、理性、人性的现代化要求，将规范引导慈善事业发展作为社会政策的重要一环。三是要求回应社会主要矛盾的变化过程中优化社会资源配置，新的慈善事业政策要以供给侧结构性改革为指针。

国家治理体系和治理能力现代化决定了重庆慈善事业的基本角色。治理的着力点是激发社会的活力，出发点是促进社会参与，落脚点是改善和保障民生。构建新时代下的重庆社会治理格局，需要构建多角色参与平台和平等协商的关系机制，以实现社会事务共治。至少包括：一是，重庆慈善事业要在推进协商民主广泛多层制度化发展中发挥作用。二是，激发慈善事业生机，以参与能力保证治理的质量。三是，重庆慈善事业要深入参与推进社会事业改革的实践。四是，重庆慈善事业在创新预防和化解社会矛盾机制中发挥特殊作用和价值。五是，重庆慈善事业要推动社会事业领域供给侧结构性改革。

新时代的社会建设决定了重庆慈善事业政策的对接路径。谋划“十四五时期”重庆慈善事业发展改革需要以《中华人民共和国慈善法》为总纲，立足于“五位一体”的改革全局，实现慈善事业发展与社会建设相关政策有机衔接。一是在重庆“十四五”经济社会总体规划的视野中，找准慈善事业政策的生长点。二是在社会事业的总布局中，生成重庆慈善发展的时代坐标，形成对各类社会事业的全方位支撑。三是紧紧围绕深化改革时期的一系列新制度，把握制度创新带来的新机遇。至少包括：《中华人民共和国慈善法》中对慈善事业的新规范，中央关于改革慈善组织管理制度，促进慈善组织健康有序发展的意见，等等。

设计重庆慈善事业政策与社会建设的具体对接路径，需要把握治理转型期一系列相关举措对慈善事业发展的新要求。至少包括：一是政府转移职能带来的机遇，将原先由政府承担的大量事务性工作逐步交由包括慈善事业在内的社会力量承担。二是多元共治带来的机遇。中央明确要求发挥社会组织在协商民主、社区治理、群团工作、社会治安、统一战线、艾滋病防治、“一带一路”、“走出去”战略、乡村振兴和慈善等方面的优势和作用，为重庆慈善事业健康发展和发挥作用指明了发展空间。三是新型城镇化建设带来的机遇。服务城镇化建设，服务“新市民”融入城市、融入社区，为重庆广大慈善事业和社工服务机构提供了借力发展和发挥作用的难得机遇。四是“互联网+”带来的机遇。“互联网+”、大数据的开发应用，为重庆慈善事业拓展服务空间、改进服务手段、提升服务效率提供了便利和可能。五是推进慈善信托、慈善捐赠、慈善服务等慈善事业发展。

（三）慈善事业需要围绕“社会建设”构建新格局

慈善是群众参与社会建设的基本途径和重要载体之一，有助于推进共建共治共享的社会治理。对我国而言，发展慈善事业是中国特色社会主义建设的题中应有之义。发展中国特色慈善事业，必然要求传承中华优秀传统文化，同时借鉴先进理念、利用先进技术，不断提升现代化水平。

一是以满足社会需求为出发点和落脚点。只有这样，政府、慈善组织乃至市场才能找准各自定位、发挥各自长处并形成保障民生的合力。政府着眼于全民共享，提供基本设施建设和基本公共服务；慈善组织着眼于扶贫济困，提供补缺性、灵活性、个性化服务。慈善事业发展，需要遵循其基本规律，如慈善组织不能攫取公共资源，在借用市场力量时不能改变慈善的宗旨、目的与基本原则，更不能允许商业组织借慈善之名牟取利润。更进一步的，慈善事业需要高度重视并发挥出“慈善服务”功能。整体上看，我国慈善事业还处在“募捐慈善”状态，慈善组织多以募款额和捐赠数额为主要指标，没有认识到“服务慈善”的重要性，为有需要者提供慈善服务的意识还不强，因而造成“服务慈善”资源储备不足，通过服务提供化解问题的能力和方法等都十分欠缺。多数慈善组织仍以募捐金额为最终判断标准，致使组织内更强调劝募能力的培养，忽视或不重视服务能力培养；而能激发慈善热情、连接社区慈善资源、提供慈善服务的社区基金会在北上广地区发展快速，但又缺乏相应的政策引导与专业人员支持，开展社区慈善服务的能力不足。慈善服务缺乏标准与规范。慈善服务的目标指向、服务内容、服务方式、服务提供或项目实施方与受益方的权利义务关系，以及实施过程中例外事件的处理等都缺乏相应的法律法规政策进行规范。

二是区分正常状态与应急状态。相对独立地提供服务是慈善事业健康发展的前提，因此正常状态下应强调慈善组织的自主性。但在面对突发事件尤其是重大突发事件时，为提高应急处置的及时性、有效性，应急救援所需物资需要接受政府的统筹调配。这要求慈善组织不断提高自身能力，练就过硬的应急协调本领。应急机制是指为应对突发公共事件而采取的一系列应急措施和处理方略，具体涉及预测预警机制、应急反应机制、应急处置机制、恢复重建机制等适应突发事件不同环节的运行机制。2020年暴发的新冠疫情是一场重大的公共卫生事件，其对我国应急管理体系亦是一次重大检验，既检视了各级政府应对突发公共卫生事件的能力，也考验着作为社会力量的慈善事业在国家治理体系和应急管理机制中的功能与作用。

在疫情暴发后，以爱心捐赠和志愿服务为主要表现形式的社会慈善热情再一次被激发。以慈善为载体的社会力量作为政府防疫工作的有效补充发挥了重要作用，为抗击疫情提供了巨大支持。然而，在参与此次抗击疫情过程中，慈善领域也暴露出一系列短板和不足，其中尤为突出的是缺乏应急机制（如应急预案、应急协调机制、信息共享机制以及监管机制）所导致的疫情初期慈善活动运行无序、资源配置失效等问题，并由此引发了湖北省红十字会和武汉市红十字会等机构的信任危机。目前，我国应急管理体系主要关注的是政府在突发事件中的行动规划和操作程序，突发事件应对法也主要规制的是政府的应急机制。与此同时，现行的慈善法制亦主要调整常态下的慈善关系，缺乏紧急状态下的应急机制。

此次疫情提示我们，慈善法制也需要建立应急机制，当突发公共事件等紧急状态出现时，能够依法迅速启动慈善应急机制。为此，有必要通过修改、完善《慈善法》，建立慈善应急机制，具体包括：第一，在《慈善法》修订中应增加制定专项慈善应急预案的内容，并指定由主管部门或慈善行业组织负责，从而为重大突发事件发生后的慈善行动提供清晰的指引。第二，完善《慈善法》中关于建立慈善应急协调机制的内容，出台相应的实施细则，明确不同参与主体的职责。一方面，建立政府与慈善组织之间的应急协调机制，理顺政府与慈善组织的关系；另一方面，建立慈善组织之间的协调机制，注重枢纽型慈善组织的培育与发展。第三，健全《慈善法》中有关慈善信息共享机制的规定，促使紧急状态下的慈善供需信息对接机制得以真正落实。第四，完善税收优惠等慈善促进措施，提升慈善组织应急能力。第五，重视慈善应急监管机制建设，一方面，加强《慈善法》与《审计法》《突发事件应对法》等法律的衔接，强化行政监管的职能；另一方面，注重发挥社会监督的积极功能，并推动慈善组织主动接受监督，增强应急情况下慈善监管的效能。

（四）慈善事业需要依托“慈善法”探索新路径

党的十九大开启了中国特色社会主义的新时代，我国社会主要矛盾已经转化为人民日益增长的美好生活需要和不平衡不充分的发展之间的矛盾这一历史性重大判断，为新时代的慈善事业提出价值使命，通过慈善事业进一步平衡地区差异、城乡差距和贫富差距，通过慈善力量补充社会保障体系，促进教育、科学、文化、卫生、体育和环保等领域的全面发展。就业、扶贫、救灾、养老、医疗、教育、科技、文体、环保等所有的公共服务空间都已向慈善组织开放。新时代的中国慈善事业，要围绕党和国家大局，围绕中国特色社会主义经济建设、政治建设、文化建设、社会建设、生态文明建设，围绕外交工作大局和祖国统一大业，找准工作的着眼点和结合点，团结动员各方力量，响应国家号召，促进改革发展，维护社会和谐稳定。

尤其是2016年《慈善法》颁布以来，民政部等部门加快制定法规政策措施，陆续出台了多部政策文件，内容涵盖《慈善法》多个关键环节，慈善事业制度体系基本构建成形。中国社会组织领域形成了以《中华人民共和国宪法》为依据，以法律和行政法规为骨干，以政府规章和规范性文件为补充的社会组织法规政策体系，有力地推动了慈善事业健康、快速发展。在《慈善法》的框架下，慈善组织认定与登记、慈善组织年度支出和管理费用、慈善组织公开募捐、慈善信托管理、慈善组织信息公开等一系列方面均出台了专门的办法和条例。慈善行业各项法律规制不断完善，慈善行业透明度不断提升，加强了行业信息公开规范化和透明度。“慈善中国——全国慈善信息公开平台”“社会组织信息查询平台”“志愿服务信息系统”三大平台先后开通，慈善行业“3+12+N”信息公开平台体系构建完成。两年来，民政部指定20家互联网募捐信息平台，统一发声、互相监督，管理规范不断提升。2018年8月6日，《慈善组织信息公开办法》正式出台，自2018年9月1日起施行。为慈善信息公开提供了根本遵循，慈善行业透明度进一步提升。

在“十四五”时期，要依托慈善法等制度化建设成果，推动慈善事业做实做细。一是全面提升信息公开在慈善组织管理中的地位，将传统的政府亲自监管转变为以信息公开为主导的公众监督，以行业自律为主导的行业监督和以制定规则、实施奖惩的政府监管相结合、“三管齐下”的模式。二是加大对“慈善资金支出”等信息公开核心指标的强制性规定，建立政府主导下的重大突发事件慈善信息公开机制。三是制定实施慈善组织信息公开的实施细则和相应的评价指标，与政府部门的奖励、处罚机制密切对接，并鼓励第三方机构对慈善组织开展组织透明、绩效评估和信用评级等评估，推动慈善行业自律。四是推进慈善信息公开的标准化、信息化进程，提升各个平台的互补性和统一性，降低慈善组织在信息公开方面的工作量和成本。五是加强慈善组织信息公开能力建设和内部治理建设，推动慈善组织在资金管理、项目管理、信息管理等方面的技术建设，为慈善信息公开打造更为高效的组织管理系统。六是营造更良好的慈善信息公开法治环境，同时增强政府、专家学者、慈善行业在引导社会正向舆论和舆情处理方面的能力。

三、"十四五"时期重庆慈善事业的发展目标

（一）"十四五"时期重庆慈善事业的价值目标

党的十八大以来，以习近平同志为核心的党中央高度重视慈善等社会公益事业。在党的十九大报告中，习近平总书记指出，完善社会救助、社会福利、慈善事业、优抚安置等制度，健全农村留守儿童和妇女、老年人关爱服务体系。党的十九届四中全会指出，重视发挥第三次分配作用，发展慈善等社会公益事业。全面建成小康社会，是中华民族历史上的一个伟大胜利，同时也是通向下一个伟大胜利的新起点。

第二个百年奋斗目标新的征程即将开启，人民对美好生活的需要为慈善事业的发展提供了根本动力，慈善事业有了发挥更大作用的广阔舞台。从这个意义上讲，“十四五”时期重庆慈善事业的价值取向就是需要更好地“满足人民对美好生活的需要”，其根本的落脚点在于重庆慈善治理体系和治理能力现代化。

以慈善组织为载体的现代慈善事业，是国家治理现代化的有机组成部分和内在需求，也是国家治理体系与治理能力现代化建设的重要内容。以服务养老、儿童、残疾人为本的社会服务业是现代慈善的重要内容，也是现代国家治理的基础工程。推进治理体系和治理能力现代化是全面深化改革的总目标，作为治理体系重要组成部分的慈善组织，治理能力现代化离不开慈善组织治理能力现代化。“十三五”时期以来，重庆慈善事业仍面临着氛围和生态有待成熟、慈善资源和慈善要素有待整合、慈善品牌和慈善形象有待树立、慈善能力和慈善研究有待突破、慈善事业与志愿服务有待联动等一系列瓶颈，其破题路径即在于以“慈善治理体系和治理能力现代化”为抓手，将其作为重庆慈善事业在“十四五”时期的根本目标，为此需要围绕总目标设置具体目标。

一是健全重庆慈善资源运行机制。为确保慈善主体和慈善客体更通畅的对接，务必要有健全和高效的慈善运行机制相匹配，否则将导致慈善资源的错位、低效乃至浪费，出现“慈善失灵”困境。2020年年初应对公共突发卫生事件时某红十字会因缺乏有效的信息共享平台与多方协调机制，导致一方面大量捐赠的资源在仓库堆积，且分配严重不均，另一方面各大医院医护人员得不到应有的资源而诉诸网络求援。因此应当健全慈善多元监督，充分发挥大众传媒的社会监督作用，增强透明度。聚集各类资源并将其转化为可利用的资源，提升资源配置效率，形成良性循环。

二是建立重庆突发事件慈善应急机制。突发性公共事件具有高度不确定性、突发性、紧急性与危害性等特征，政府应急响应机制是政府处置紧急状态的有效组织形式，但无法包揽，也不能替代慈善组织的功能。慈善组织作为政府与市场之外的重要社会治理主体，也是公共事务的治理主体之一，提高慈善组织的应急管理能力是提升国家治理能力的重要组成部分。“加大应急预警机制和治理体系方面的投入，做到把危机、教训变成知识、把知识上升为制度、把制度演化为治理能力，在一定程度上避免可预期失效。”2020年公共卫生事件爆发后，已充分证明重庆慈善组织成为应对重大灾难不可替代的重要力量。“只有建立突发事件慈善应急机制，以慈善组织为重要载体的社会力量才能被充分释放出来，进而成为政府应急的良好合作伙伴，共同为国家治理体系与治理能力现代化作出有益的贡献。”

三是构建重庆现代慈善共同体。单一治理主体模式难以实现预期效果，往往会陷入囚徒困境和公地悲剧。为此，应建立“政府—市场—社会—个人”多维框架下的多中心治理模式，这一模式有助于实现规则的制定权、执行权和监督权的独立性，形成治理优势与合力，达到治理目标。政府慈善是通过行政力量实施，民间慈善是通过社会组织展开，在大灾大难面前，集中力量办大事的制度优势的展现依然应该坚持以政府为主导，同时也要给社会组织以更大空间，从而构建多元协同治理模式。应致力于连接各类资源要素的网络联系和协同发展，通过建立协调服务平台和信息平台，促进信息共享、资源对接、行动有序协同，充分利用大数据、区块链和互联网技术，树立大数据治理的思维，着力提升资源配置和治理能力。

（二）“十四五”时期重庆慈善事业的发展原则

发展原则是保障“十四五”时期重庆慈善事业健康繁荣发展的基本底线和框架约束，按照民政部《中国慈善事业发展指导纲要》意见，要“本着公开透明原则加快发展慈善事业”，提出了依法推进、平等自愿、公开透明、鼓励创新等原则。《慈善法》第四条对开展慈善活动应当遵循的原则作了规定，即“开展慈善活动，应当遵循合法、自愿、诚信、非营利的原则，不得违背社会公德，不得危害国家安全、损害社会公共利益和他人合法权益”，包括合法原则、自愿原则、诚信原则、非营利原则、不损害社会公共利益原则等。课题组认为，上述不同时期、不同目的提出的慈善事业原则具有一定普适性，结合重庆慈善事业当下发展的瓶颈，需要细化优化原则性条款，作为“十四五”时期的根本遵循。

一是坚持扶贫济困的原则。以满足重庆弱势群体对美好生活向往为导向，准确区分“救济式福利”与“权利式保障”。“救济式福利”是出于人的同情心与同理心，向政府未能够照顾而又迫切需要被施以援手的弱势社群进行拯救，保证其基本生活得到满足，需要民间团体协助处理，是社会民间行为。“权利式保障”则是一种基本人权，譬如粮食、房屋、教育、医疗等与民生息息相关的基本生存要素，属于每一个国家公民都有权利享受的社会福利保障，必须要由政府负责，是政府行为。通过开展形式多样的慈善救助活动，有针对性地为困难群众提供服务和帮助，是重庆慈善事业应当坚持的基点。

二是坚持政府推动的原则。在第三次分配领域要以“有为政府”保障慈善领域的“有效市场”，实现资源配置效率的最大化。对于重庆“后发型”地区的实际情况而言，在民间慈善兴起之际，尤其需要有效的政务引导确保方向。政府立足宏观管理，建立健全慈善公益事业发展的激励、保障和监督机制，从政策、资金、服务等方面加大支持力度，为慈善公益组织搭建一个信息资源丰富、政策指导性强、宣传表彰力度大的慈善公益活动平台。

三是坚持自律管理的原则。充分发挥慈善组织的主体作用，有效整合社会资源，培育民间慈善公益组织，逐步由慈善公益性组织间的协作关系发展为慈善公益组织的行业联合，建立联合募捐运行机制。通过制定行业规范、实施行业监督、规范捐赠市场、营造捐助氛围，形成推动慈善事业发展的合力。

四是坚持统筹谋划、尊重规律的原则。在尊重规律前提下筹谋规划，将制度改造和环境营造作为重庆慈善事业政策和工作的重点，保证重庆慈善事业按照自身规律健康发展。在中国当前实行的“低水平、广覆盖”的社会保障制度下，民间慈善力量是天然的可以对政府保障水平作出补充的力量，能够有效弥补政府保障力量的不足，提高困难群体的生活质量，理应形成互补配合关系。

五是坚持依法诚信的原则。慈善法是我国慈善领域的基础性法律，开展慈善活动首先要遵守慈善法的各项规定，同时，还要遵守其他法律法规的相关规定。当前，诚信危机是我国慈善领域存在的突出问题，慈善组织的公信力不高，捐赠人诺而不捐、慈善组织挪用善款，甚至有的组织和个人假借慈善名义骗取钱财的现象依然存在。慈善法将诚信作为慈善事业发展的基本原则，通过信息公开、赋予社会公众监督权利等一系列制度安排重塑公众对慈善的信心，推动慈善事业健康持续发展。

（三）“十四五”时期重庆慈善事业发展的基本取向

在“十三五”时期我市慈善事业取得新进展的同时，围绕我市慈善事业高质量发展的长远要求，以及市域治理体系和治理能力现代化的目标，尚有很长的路要走。一是要从“数量型”向“效果型”慈善转型；二是要从“慈善募资”向“慈善氛围育化”“慈善理论研究”“慈善政策评估”等软环境转型；三是要从“单兵突进”向“协同治理”转型。

1.从“数量型”向“效果型”慈善转型

“十三五”时期，重庆慈善募捐金额保持“稳步运行”，但本身存在结构性短板。体现为慈善的供给侧与困难群众需求侧之间有差距，特别明显的表现为非定向捐赠较少。当前，我市捐赠主体是本市的民营企业，多数为定向捐赠，而市民、市外企业非定向捐赠占比不到1%，限制了重庆慈善资源配置能力。同时，在既有募资数量的同时，慈善效果缺少可衡量、可检验的评估尺度，也缺少对于慈善事业效能的管理机制和引导机制。

慈善募捐金额是慈善事业发展的显示性指标，但不是唯一指标，也并非核心指标。慈善本质上反映的是精神追求境界，所谓“爱心无价”，更多应当从“社会效果”而非“经济数字”予以考量。目前我国正在形成三个层次的财富分配体制，第一层次以市场分配、劳动所得为主，目的是提高效率；第二层次以国家财政税收及其再分配为主，目的是促进社会公平；第三层次分配就是社会慈善活动。第二层次分配是政府弥补市场不足，第三层次分配则是社会捐赠弥补政府之不足。因此，“十四五”时期重庆慈善事业更需要社会成员的共同参与，从直接效果、间接效果、氛围培育、慈善品牌建立等角度形成新的评估体系。以效果为导向，以社会效果、社会影响为核心加以衡量，有助于重庆“十四五”时期慈善事业顺利发展。

2. 从“硬实力”向“软环境”转型

目前重庆有较强影响力的慈善组织和品牌慈善项目不多，重庆慈善在全国的影响力不够强。主要表现在：慈善文化不够、慈善氛围不够，市民参与慈善的意识不够。造成这些问题的原因客观上是重庆“双欠市情”、慈善起步较晚，更需要从构建慈善软环境着手，形成“十四五”时期慈善事业良性发展的源头活水。

打造“慈善重庆”至少需要五个方面的软环境配套。一是营造良好慈善舆论氛围。从舆论导向入手，增强全民慈善意识，形成社会共识，打造慈善软环境。必须大力弘扬慈善精神，提高全社会对慈善的认识。二是以“招善引资”为抓手激发市场主体热情。重庆企业在自身发展中把慈善行为与企业发展目标联系起来，既是承担社会责任的实际行动，也是扶助社会弱势群体的社会贡献，还是创新产品和服务的潜在市场。要发挥慈善组织的桥梁纽带作用，广开投资环境推介会，在“招商引资”的同时“招善引资”，形成重庆慈善事业的源头活水。三是强化重庆慈善事业服务能力建设。健全慈善服务体系，在管理咨询、社会服务、人才培训、供需对接等方面形成对于重庆慈善组织强有力的要素支撑，通过支持型基金会、行业枢纽型组织激活重庆慈善资源，并进一步借助成渝地区双城经济圈的建设推动，形成更广范围内的慈善资源组织能力。四是合力打造重庆慈善品牌。慈善组织是慈善品牌打造的重要力量，但远非全部，在“第三次分配”的大视角下，需要挖掘多部门特色资源，合力打造慈善品牌。如整合联动重庆卫生部门“光明行动”、教育部门“圆梦行动”、人社部门“技能培训”、团委“希望工程”、妇联“救助贫困母亲”“关爱女孩行动”等已有资源，共同推动“慈善重庆”“山城公益”等名片更加响亮。五是形成“慈善重庆”路线图的引领。通过出台重庆慈善“十四五”规划以及重庆慈善高质量发展的指导性文件，并纳入全市“十四五”时期民政事业规划、社会治理规划等相关盘子中。

3. 从“单兵突进”向“多元协同”转型

在“十四五”时期要以多部门协同打造“慈善重庆”品

牌为共同任务。2020年10月15日，全国人大常委会副委员长张春贤在第十三届全国人民代表大会常务委员会第二十二次会议上作《全国人民代表大会常务委员会执法检查组关于检查〈中华人民共和国慈善法〉实施情况的报告》，开篇明义：慈善事业是我国基本经济制度、民生保障制度和社会治理制度的重要组成部分。说明慈善事业相当重要，也说明慈善事业涉及方方面面，需要打破部门壁垒，合力推进慈善事业发展。一方面是慈善组织间以及民政局内部的合作与协调，例如重庆市慈善总会打造“社区阳光基金”品牌，需要市民政局慈善与社会工作处、社会救助处等部门合作支持。另一方面，是按照《慈善法》的规定，民政与财税、国土、宣传、文明办等部门，协同落实税收优惠、购买服务、用地、金融、慈善纳入文明指数评比等支持政策。当前，需要在国家政策法规的指引下，走创新之路，举部门之力、全市之力协同打造“慈善重庆”，助推重庆经济社会发展。

第四章 “十四五”时期重庆慈善事业发展的路径研判

本章作者

徐茂然，重庆机电职业技术大学工商管理学院讲师、博士研究生。

谢世麒，重庆医科大学护理学院讲师、博士。

服务于新时代总体布局尤其是社会事业发展的需要，“十四五”时期重庆慈善事业发展的主要任务，需要在贯通国家层面“十四五规划纲要”的基础上，围绕慈善要素及其相互组织关系，形成“十四五”时期重庆慈善事业发展的主要任务。并对主要任务测算出具体的量化目标、指标，进一步形成围绕各项任务的实施路径、保障措施。

一、“十四五”时期重庆慈善事业的重点任务

（一）推动慈善组织内涵式发展

一是加大培育发展速度，扩大重庆社会组织规模。“十三五”期间，我国社会组织的数量不断增加。截至2020年6月，我国社会组织数量约为87.8万个，相较于2015年底的66.2万个增长了21.6万个，增幅达33%。公益慈善类社会组织的直接登记突破了双重管理体制的束缚；慈善组织的登记管理权限下放，促进了慈善组织的发展。与此同时，随着《慈善法》的实施，中央和地方民政部门加强了慈善组织登记认定工作，并优化了办理流程，实现了此项工作在全国各省的全覆盖。据“慈善中国”平台数据显示，截至2020年8月，全国范围内经各级民政部门登记认定的慈善组织共7396个，其中基金会5062个、社会团体1875个、社会服务机构459个。与全国社会组织发展相对应，“十三五”期间重庆市社会组织的数

量也呈稳步增加之势。据统计，2016—2019年我市社会组织数量分别为16199、16284、17343、17553家，年均增速在10%以上，2020年第2季度重庆市社会组织数量达17749家。业务主要分布于教育、农业及农村发展、工商业服务、社会服务、体育、文化、科技与研究、职业及从业促进、卫生、宗教、生态环境、法律等领域。研究发现，截至2018年底，重庆万人社会组织数居全国第13、西部第6、直辖市第3。截至2019年第1季度，重庆社会组织数量位列全国第19、西部第6、直辖市第1。从各区县社会组织数量来看，排名前五的分别是奉节754、涪陵725、綦江715、彭水701和江津652[①]。

但是，我市社会组织发展呈现三个问题：一是被认定为慈善组织的社会组织少，仅2117家；二是标识“志愿服务组织”的社会组织少，仅176家；三是基金会仅84家[②]，不仅与排名第一的广东（1267）和排名第二的浙江（795）相差甚远，更在四个直辖市排名倒数第一（北京791、上海476、天津103）[③]。上述现象的出现，从某种角度说明重庆的慈善资源不丰富。因此，建议重庆“十四五”期间全面建立市级、区县和镇街层面的社会组织孵化平台，加大社会组织发展速度，提升重庆社会组织特别是包括基金会在内的慈善类社会组织的数量规模。力争“十四五”期间重庆社会组织能保持10%的增长速度，2021—2025年重庆社会组织总量分别增至

① 谢菊、彭林等：《重庆社会组织发展报告（1949—2019）》，国家行政管理出版社2020年版，第38页。

② 重庆民政统计2020年第2季度。

③ 王勇：《全国各省社会组织（基金会、社团、民非）数据》，载《公益时报》，2020年11月11日。

19308、21239、23363、25699、28269家，基金会总量分别增至92、101、111、123、135家。标识"志愿服务组织"的社会组织总量分别增至194、213、234、257、283家。

二是以提质赋能为重点，推动重庆慈善组织发展。我市公益慈善类行业组织重庆慈善总会于1994年成立，近年来在社会动员、扶危济困、救急救难、促进和谐等方面发挥了一定作用，但它主要履行的是基金会的功能，行业组织的功能弱化，已成为制约我市公益慈善事业快速发展的重要因素。建议重庆"十四五"期间加大落实中央关于重点培育行业协会商会的要求，由重庆市慈善总会等社会组织和社会贤达人士共同发起成立重庆市慈善联合会，切实履行慈善政策倡导、行业协调与服务、行业监督与自律等功能，推动重庆慈善组织发展。

三是政府要继续深化"放管服"改革，推进社会组织去行政化。各级政府要切实推进政府职能转变，在完成民政民生兜底任务的同时，下大力气培育和支持当地慈善组织成长，对慈善生态的薄弱环节精准发力，瞄准慈善事业发展的资源整合、行业支持和服务递送等环节，推动全行业发展，营造良好慈善行业生态。要推进社会组织完善法人治理结构，加大社会组织去行政化力度，真正让社会组织成为权责明确、运转协调、制衡有效的法人主体。要通过慈善总会发动各级慈善会、各区县慈善组织广开善源，挖掘慈善组织募捐潜能，打造集聚在慈善总会周围的重庆市慈善筹款联合体。

（二）建立慈善人才双向输送机制

一是加大慈善人才的教育和培养。建议依托重庆各级各类优秀的教育资源，在全市范围内鼓励对慈善从业者的教育与培养。鼓励我市高校、职业院校开设公益慈善、社会工作等相关专业，培养后备潜能，为慈善事业的发展储备人才。同时通过公开讲座、公选课等方式传播慈善知识，激发更多群体对慈善以及公益事业的热爱，吸引更多人才投身慈善事业。

二是强化慈善组织管理人员的培训交流。积极构筑相关渠道，打通慈善组织与国内外院校慈善研究、国内外城市慈善经验交流、国内外慈善创新学习借鉴的壁垒。建议“十四五”时期出台“善美重庆计划”，通过年度项目，资助慈善组织管理人员多种形式的工作交流和学术交流合作，拓宽重庆慈善组织管理人员的知识视野，保持慈善组织管理人员创新能力，通过与行业内标杆看齐，强化自身组织建设活力和创造力，在慈善组织中形成营造良好学习氛围，从而推动慈善组织可持续良性运转，为重庆市慈善事业打下组织基础。

三是强化社会工作领域人才培训支持。通过政府购买培训服务、公益创投等形式加大对社会工作领域人才培训资源支撑力度，购买社会工作机构培训服务，提升高校社工专业学生、专业社工机构社工从业者、社区工作者、志愿者的社会工作从业资质，构筑“慈善资源+社工机构+高校职业院校+志愿者+社区”的传送链条，为养老服务、留守儿童教育、社区工作等问题的解决提供人才供给。

四是吸引外部慈善专业人才。慈善事业作为我国基本经济制度的组成部分、第三次分配的重要载体和推动国家治理体系和治理能力现代化的有生力量，专业化、职业化的人才队伍是事业健康、有序、高质量发展的第一要素。重庆慈善事业发展与重庆社会经济发展息息相关，建议重庆“十四五”期间在各层级、各领域、各地区人才引进政策中加入慈善人才引进的内容，通过诸如“鸿雁计划”“重庆英才计划”“科教兴市和人才强市行动计划”积极与各部门协商出台相应方案，加大对社会工作、社会创业创新、社会组织发展所需人才的引进和培育，为重庆慈善事业发展奠定人才基础，源源不断地输入新鲜血液，推动重庆慈善从业人才的专业化、职业化。

在引入专业人才的过程中考虑到年龄的阶梯性，保证在不同程度上拥有专业应届本科毕业生、硕士生、现有专业精英等多层级人才。在保证现有专业水平的基础上，长远考虑未来慈善事业专业人员队伍发展。在对人才“引进来”的基础上要进一步考虑将人才“留下来”。激发从业者的道德情操和家国情怀，积极开展慈善文化和精神文明创建活动，提高从业者的责任感和成就感，同时做好员工情绪管理工作。

（三）提升慈善队伍规范化建设

加强重庆慈善事业人才规范化建设，建立健全以慈善从业人员职称评定、信用记录、社会保险等为主要内容的人力资源管理体系，建立完善慈善事业人才队伍的培养激励制度、薪酬管理制度。

一是强化慈善队伍自我管理能力。引导慈善组织的领导成员和执行机构应照章履行职权并接受会员的监督，同时接受同级民政部门的监管，制订的年度工作计划、年度财务预算应报民政部门备案，按年度向民政部门报告善款收支情况、接受年检。

二是健全人力资源管理体系，强化公益人才队伍建设。逐步建立健全以公益从业人员职称评定、信用记录、社会保险等为主要内容的人力资源管理体系，制定社会组织人才落户、住房、子女入学等人才引进优惠政策，吸引国内外优秀人才参与公益事业。

三是加强慈善志愿服务活动的培训指导。围绕重庆市委、市政府的中心工作，以亮点服务、网络服务、组团服务、菜单服务、主题服务等方式，助推各类爱心敬老、关注环保、扶贫助残、文明创建、关爱园丁、关注留守儿童、爱心助园大学梦等活动的开展。

四是规范慈善义工队伍、慈善工作室等阵地建设。在基层方面，可由重庆慈善总会建立和健全社区（村居）慈善工作室，实现重心下沉、端口前移。对于热心慈善公益事业的市民，在传统奖励表彰之外，还可为其建立“个人慈善工作室”，尝试扩宽基层慈善网络建设。加强慈善义工队伍建设、夯实阵地基础、创新品牌活动、嘉许回馈典型，不断提升重庆慈善队伍效能。

（四）构建慈善活动常态化格局

重庆慈善活动具有明显的“季节性”“事件性”特点，体现为在特定月份（三月学雷锋）、特定时间（疫情、洪灾等突发事件）、特定活动（“99公益日”等）中呈现高密度的慈善活动，而在平日慈善活动密度不高，缺乏常态化。“大众慈善”是当代中国慈善的价值追求，“常态化”是重庆慈善事业发展的应有之义。

一是推动形成“常态服务”和“品牌服务”互促共融。“常态服务”和“品牌服务”是相辅相成、缺一不可的整体，常态服务是品牌服务的基础，品牌服务是常态服务的升华。要强化“两个服务”，必须认真学习落实《慈善法》中“慈善服务”专章，必须全面贯彻落实好《志愿服务条例》，确立志愿服务应当遵循的“自愿、无偿、平等、诚信、合法”原则，弘扬“奉献、友爱、互助、进步”的志愿者精神，加强志愿服务管理，强化志愿服务权益保障，落实志愿服务促进措施。

二是建立慈善募捐常态化机制。开展慈善“一日捐”“一元捐”等慈善微活动，在机关事业单位、高校院所等地方逐步实现与党建、团建联动，鼓励有条件的市场主体和个人积极参与微慈善活动。对慈善组织的考虑中，将覆盖率、参与面等指标给予更高的权重，相对淡化募捐金额等传统指标，使慈善募捐常态化、持续化。

三是建立慈善救助常态化机制。慈善“一日捐”“一元捐”等微活动，其成效必须直观地通过“慈善救助常态化”予以体现，这既是让困难群众、弱势群体感受关爱的现实需要，也是让捐助者具有更多获得感、认可度的必然之举。通过慈善助学、助医、助老、助困、助残等针对性活动，细化对不同受助对象的持续响应。

四是建立义工服务常态化机制。开展“爱心相助季度行”亲情登门助老服务，组织城市社区义工队按照月度或季度集中活动，将其作为社区义工年度注册、审核、考核的重要内容，在“积分制管理”“爱心银行”等基础上，探索与“重庆市新时代文明实践中心”的志愿者服务等联动。开展“邻里守望”主题志愿服务活动；开展“四点半课堂”“彩虹帮教”“情系童心相伴成长”等行动；开展“筑梦善行·残健共融”扶残助残、“朝阳伴夕阳”、便民义诊等关爱行动；开展恳谈交流、心理疏导，提供心理咨询、疏导等服务。

（五）建立慈善项目绩效评估机制

慈善项目绩效是一个包括成本、质量、效率、效果、公平等多元价值的系统概念，利益相关者需求、资产运营状况和组织运营能力都是分析其绩效的重要切入点，而目标完成情况、利益相关者满意和可持续发展能力是衡量其运营结果的重要方面。评估慈善项目的绩效水平，其实质就是评价慈善组织在管理、组织和配置公共资源，加快公益事业发展方面的成就和效果。

一是推动重庆慈善项目制度化监督。完善重庆慈善组织监事会制度，邀请其他社团如注册会计师协会、律师协会、审计协会等专业社团的代表进入监事会，建立监事询问制度，“倒逼”推动慈善组织各项运作规范化、精细化。政府预算中有“类”“款”“项”“目”四级，“目”是最细的一级，账务公开到“目”，意味着慈善机构不仅要公布募捐款项的去向，而且要公布款项使用的明细。在绩效评估的信息公开方面，建议向社会完全公开，财务应细化到“目”。

二是强化重庆慈善项目外部多源监督。重庆慈善总会等知名慈善组织带头按照季度向社会公布社会责任审计报告，带动重庆有条件的各类慈善组织通过专业机构评估的方式主动公开，对于慈善组织所履行的社会责任、善款筹集情况、善款使用效果、下阶段工作计划等内容进行全面公示。

三是强化全流程绩效审计。所有涉及善款的采购行为，限额以上的严格采取公开招投标的形式进行，接受招投标管理部门监督。每个项目完成后都要进行绩效评价并向社会公开，其中重大慈善项目必须通过招投标等方式，确定第三方机构进行绩效评价。规范慈善账目管理，所有账目资料及时整理归档，随时提供给媒体和公众查询。

（六）推动慈善品牌提档升级

用品牌的推动力来推动慈善品牌的打造和传播，对于社会人文的精神建设有着长远的作用。尽管在“十三五”时期重庆慈善品牌“逐步成形”，但慈善形象有待树立。突出体现为慈善品牌特点不明显、辨识度低，慈善品牌定位摇摆、价值模糊。为此，在“十四五”时期，宜将以下方面作为重点任务，共同推动重庆慈善品牌提档升级。

一是以“救募结合”为特色，打造并形成相应的项目品牌。复合型活动是向社会公开推出的、通过发动公众捐赠来达到救助目的，其特点是捐助内容、捐助对象、捐助金额更加公开透明，使资助人“看得见”，让受惠人“摸得着”。“救募结合”项目具有更多的优势，更符合资助者和受助者双方意愿，其影响和带动作用大。

二是以“人人可慈善，事事皆公益”提升重庆慈善品牌参与面。随着经济的发展和社会的进步，慈善已超出传统意义上“施舍”和“恩赐”的范畴，加入了团结友爱、互帮互助的新内涵。开展跨界慈善合作，让多项小额品牌捐助项目实现“微愿望”“大公益”，比如“一升油一声爱”让自驾游满载正能量，“微梦成真爱心计划”实现困难单亲妈妈小心愿，“爱心书包送万家”激发困难学童的阅读梦想，“至善礼包”让困境家庭美梦成真，“公益慈善体验日”让市民理解慈善，参与慈善，将善念变为善行，激发全民慈善热情。

三是在发掘巴渝文化基础上推动新时代重庆慈善品牌的有序传承。一个民族是需要精神来凝聚的，慈善事业的发展也离不开慈善文化的聚合。这就需要倡导慈善精神，弘扬慈善文化，让慈善理念深入人心，营造人人向善、依法行善、依法治善的社会氛围，既是新时代慈善事业实现规范发展的需求，更是引导社会大众主动参与并促进我国慈善工作有序发展的需要。重庆自身急公好义的文化基础，是形成当代慈善品牌的最佳文化内核。近年来，重庆市慈善总会倡导并发起“巴渝慈善文学”活动，既是发掘巴渝文化、推动慈善项目品牌化的可贵尝试，也需要更多类似元素的支撑。

（七）构建跨界互融的慈善新生态

重庆慈善新格局要求捐赠方、参与慈善的企业和个人，打造抱团发展的慈善事业发展生态。“十三五”时期重庆公益慈善事业发展得很快，包括体量、组织结构、活跃程度，但生态系统还是存在一些问题，体现为慈善组织之间相互依赖程度不高，参与慈善活动主体不够规范等。这就需要构建跨界互融的慈善新生态，升华和净化慈善行为、慈善活动、慈善组织，并形成生态系统。

至少包括：一是将党建工作作为重庆慈善事业提升地位、规范管理和拓展空间的契机和抓手。寻求党建工作和自身发展的契合点，利用党建工作提升组织能力和发展空间。二是改进慈善事业准入制度。包括取消、下放或降低审批准入条件，深化推动简政放权和转移职能，规范涉外慈善类社会组织登记。三是加大并落实税收支持力度。包括对重庆慈善事业享受优惠按照分类分级办法区别管理，扩大符合条件接受捐赠的重庆慈善事业的范围，通过重庆慈善事业信息平台实现对免税组织的设立、变更、注销的信息共享。四是改进政府监管理念和方式，建立联合监督机制。实现重庆慈善事业的监督由限制性监管向激励性监管、由单一监管向多维监管、由前置监管向后置监管的转变。五是实行信息公开制度。建成覆盖重庆的慈善事业信息平台和组织法人单位信息库，推进慈善事业信用建设。六是深化重庆慈善事业等级评估制度。与我市社会组织评估制度和各类社会组织评估指标体系相衔接；推行第三方评估，形成公开公正、科学有效的评估机制和评估结果与奖优罚劣相挂钩的激励机制。七是完善重庆慈善事业退出制度。借鉴公益信托受托人更换制度，建立慈善事业管理人员强制变更制度；建立慈善事业终止财产处置和使命接续制度；政府登记管理部门制定慈善事业退出的执行标准和评估认定程序，完善与准入相呼应的组织退出制度。八是提升重庆慈善事业社会化、法治化、智能化和专业化水平。

（八）弘扬巴渝慈善文化

《慈善法》第八十八条明确规定："国家采取措施弘扬慈善文化，培育公民慈善意识。学校等教育机构应当将慈善文化纳入教育教学内容。国家鼓励高等学校培养慈善专业人才，支持高等学校和科研机构开展慈善理论研究。广播、电视、报刊、互联网等媒体应当积极开展慈善公益宣传活动，普及慈善知识，传播慈善文化。"为此，需要继续深入挖掘重庆慈善文化内涵。重庆市民急公好义的慈善文化一直是重庆市慈善事业生生不息的源泉，也为重庆市志愿服务、社会工作、慈善扶贫等工作开展提供人财物的各项支持。重庆市慈善总会过去围绕慈善文化宣传做了很多实实在在的工作，今后应当从重庆市特有的慈善文化中寻找社会共鸣点，深入挖掘慈善人物善迹、扩大慈善精神宣传广度和深度、利用新媒体、短视频等多种创新途径拓展传播绩效，让以往的慈善文化工作成果更好地为社会公众接收、融合、认同。

一是继续精心策划全市性慈善文化活动。通过策划举办义演、义拍、义卖、义诊等各种形式的慈善活动，扩大慈善事业的社会影响。通过评选"慈善之星""慈善人物""慈善大使"，举办"慈善活动周""慈善音乐会""慈善书画展拍""慈善一日"征文等活动，倡导慈心义举，营造慈善文化氛围。

二是“抓早抓小”，从重庆中小学教育教学入手厚植慈善文化的传承基础。以重庆中小学生为主要突破口，开展慈善组织与中小学校联动，使慈善文化进课程、进学校、进头脑。与中小学思想品德教育、课外活动、讲座研讨等既有活动进行整合，并进一步实现与社区教育、市民教育、老年大学等社会化多元主体外部培训的联动，形成助推重庆慈善事业可持续发展的源头活水。

三是推动慈善文化由熟人社区拓展至陌生人社区的发展导向。网络公益众筹项目是慈善事业走向陌生人社区的良好实践，要强化研判预警、防范监管，力求避免利用互联网进行诈捐、骗捐等损害慈善事业公信力的行为，提升重庆慈善文化的公信力和美誉度。

四是优化慈善文化的制度环境，培育慈善文化所需的公民慈善意识，拓宽慈善文化的传播路径。当代慈善文化应该倡导施受双方人格尊严的平等，而不是传统的恩赐意识；应该尊重捐赠者完全自愿的态度，而不是散播慈善“道德绑架”的观念；应该承认多元化的行善动机，只讲付出、不求回报的高尚行为不应是唯一动机；应该营造人人可慈善、人人乐于慈善的文化氛围等。

（九）持续推动重庆慈善工作创新

“十四五”时期重庆慈善事业应当与经济社会发展阶段、公民意识、慈善氛围等相同步，不断创新工作思路、品牌项目、活动主题，推动重庆慈善事业“提档升级”。

一是创新基层组织架构，不断扩大慈善组织影响力。组建川渝慈善联盟。“十四五”时期强化川渝两地慈善会在“成渝地区双城经济圈”建设中的互动，重视川渝毗邻地区、川渝相近行业协会的慈善互动交流，推动募捐筹款、活动举办、品牌打造中的联合联办。组建重庆慈善联盟。按照“一区两群”的重庆区域发展新布局，整合并提升区县慈善会的功能连接，推动相邻区县慈善会协同开展相关工作；鼓励重庆的行业协会商会组建慈善专业委员会，推动重庆慈善事业向行业领域拓展。

二是创新慈善项目的精准化设计、精细化管理。“十四五”时期在对已有的慈善个体、慈善主体的维护基础上，尝试推动“慈二代”“善三代”加入，以“小杠杆”撬起社会大效应。创新管理服务，推动重庆慈善网上服务平台升级，开发“互联网+慈善”捐助服务系统，借鉴“最多跑一次”的行政审批改革经验，推动形成慈善事项办理的全程电子化、无纸化。

三是拓展公益创投等慈善创新方式。公益创投能够为慈善项目精准踏实落地提供财力、人力、技术支持，能够为基层组织提供发展的基础条件。重庆市慈善总会作为重庆市慈善行业的规划者和引导者，在“十四五”时期通过公益创投等创新方式征集优秀的慈善项目，给予资金和知识支撑，让公益创投类社会组织更好地发挥自我服务的功效。

四是推进各类慈善捐赠活动纵深发展。利用重庆市慈善捐赠数据服务中心信息平台，深入挖掘重庆市公益捐赠数据规律，精准匹配慈善需求，梳理总结成为中国慈善事业发展的重要经验，打造中国互联网慈善的“重庆样本”。

二、“十四五”时期重庆慈善事业发展的预期指标研究

面向“十四五”时期重庆慈善事业发展，需要在“十四五”时期重庆慈善事业发展的主要任务基础上，细化成为具体的指标，使之目标可量化、指标可比较，进一步形成围绕各项任务的实施路径、保障措施。借助国内相对成熟的慈善事业发展指标研究成果，结合重庆实际情况，本研究在“十四五”时期重庆慈善事业发展的主要任务基础上，围绕确定了九类重点任务（推动慈善组织内涵式发展、建立慈善人才双向输送机制、提升慈善队伍规范化建设、构建慈善活动常态化格局、建立慈善项目绩效评估机制、推动慈善品牌提档升级、构建跨界互融的慈善新生态、弘扬山城慈善文化、持续推动重庆慈善工作创新），形成了六类一级指标，并围绕各项任务推动形成细化指标及其任务，以期更好地支撑和引导“十四五”时期重庆慈善事业发展。

“十四五”时期重庆慈善事业发展指标体系的一级指标包括：慈善活动指数、慈善组织指数、慈善贡献指数、慈善影响指数、慈善透明指数、慈善发展指数等六类。

表4-1 “十四五”时期重庆慈善事业发展指标结构

一级指标	二级指标
慈善活动指数	慈善捐赠
	志愿服务
	福利彩票
慈善组织指数	组织规模
	组织现状
慈善贡献指数	就业贡献
	财政贡献
慈善影响指数	服务影响
	传播影响
	区域荣誉
慈善透明指数	公开内容
	公开渠道
	监督检查
慈善发展指数	政策落实
	活动交流
	慈善标志

（一）“十四五”时期重庆慈善活动指数

“慈善活动指数”反映了本地区慈善事业的活力程度，涉及慈善捐赠、志愿服务、福利彩票等三项二级指标。

在慈善捐赠中，对应的三级指标是重庆慈善活动能力、活动水平的显示性指标。包括慈善类社会组织接受捐赠总额、年度捐赠总额占全市GDP总额、慈善超市和社会捐助工作站点总数、政府部门接受捐赠总额、个人捐赠总额、企业捐赠总额、互联网捐赠总额等三级指标。本研究将在获取完整的重庆“十三五”时期发展情况基础上，测算并制定出

“十四五”时期具体结果。

在志愿服务中，对应的三级指标是重庆慈善活动“非物质化”计量的重要依据。包括注册志愿者总人数、注册志愿者占常住人口比例、志愿者总服务时间、志愿者人均服务时间等三级指标。本研究将在获取完整的重庆“十三五”时期发展情况基础上，测算并制定出“十四五”时期具体结果。

在福利彩票中，对应的三级指标是重庆慈善活动的重要基础，也是实践慈善活动资源的重要来源。包括福利彩票销售总额、筹集福彩公益金总额、支出福彩公益金总额、福彩公益金人均贡献额等三级指标。本研究将在获取完整的重庆“十三五”时期发展情况基础上，测算并制定出“十四五”时期具体结果。

在此，对上述关键指标给出“十三五”末期结果（根据2016—2020年结果），以及据此形成的相应论证，初步测算出“十四五”时期关键性预期指标成效。

全市社会组织年度捐赠收入总额是衡量重庆慈善活动能力和资源获取能力的基础性指标之一。“社会组织捐赠收入”虽然与“慈善组织捐赠收入”口径不同，但其也属于大公益范畴，且是慈善捐赠收入的重要基础。2017年、2018年重庆社会组织年度捐赠收入总额分别为107865.61万元、140416.54万元，保持着稳步高位的态势。按照“十四五”时期的经济增长速度（目前预期共计28%）、参照“十四五”时期居民人均收入预期增速（目前提法是“居民收入倍增计划”，增长60%），并额外考虑慈善捐赠额占居民收入额的占比将进一步提高的情况，以及企业税前捐赠额扣除等政策的激励和支撑作用。课题组认为，“十四五”时期全市社会组织年度捐赠收入总额有望增长50%（根据上述四项加权推算），并据此测算出“十四五”时期全市社会组织年度捐赠收入总额可达262950万元。

全市社会组织年度公益事业支出总额是重庆慈善活动能力的重要显示性指标，突出体现了包括慈善组织在内的各类重庆社会组织用于公益性事业的总体支出规模。2017—2020年重庆市社会组织年度公益事业支出总额分别为89600万元、112800万元、146800万元、223600万元。按照“十三五”时期的全市社会组织年度公益事业支出增速，综合考虑全市社会组织年度捐赠收入总额的十四五时期预期值。课题组认为，公益事业支出与收入之间具有相对稳定的比例关系，考虑到“十四五”时期全市社会组织年度捐赠收入总额有望增长50%，以及重庆慈善组织对于管理费用占支出总额比重的进一步降低等因素，“十四五”时期全市社会组织年度公益事业支出总额有望增长55%（即略快于全市社会组织年度捐赠收入总额增速），并据此测算出“十四五”时期全市社会组织年度公益事业支出总额将达318240万元。

全市年末注册志愿者总人数是志愿服务能力的基础指标，体现了慈善参与的深度和广度。2017—2020年重庆市全市年末注册志愿者总人数分别为518万人、559万人、590万人、631万人。按照“十三五”时期重庆市全市年末注册志愿者总人数的增速及其渗透率，考虑到该渗透率存在天花板效应，考虑到“十三五”时期该指标增长20%左右的现实，按照全社会预期常住人口、注册志愿者来源及其注册覆盖面的角度，“十四五”时期全市注册志愿者总人数有望增长20%（即该指标存在上限，不可能无限外推），并据此测算出“十四五”时期全市年末注册志愿者总人数可达710万人。

全市年度志愿服务总时长是志愿服务能力的显示性指标，体现出纳入规范安排的志愿服务和慈善活动的强度。2017—2020年重庆全市年度志愿服务总时长分别为1200万小时、1400万小时、7487万小时、8660.8万小时，考虑到全市年度志愿服务总时长与全市年末注册志愿者总人数两项指标强相关，并在“十四五”时期有望通过统计规范安排的深入，对志愿服务时长更多地纳入统计范围。因此，“十四五”时期全市年度志愿服务总时长有望增长30%（该指标与注册志愿者总人数高度相关，但可一定程度地略快于注册志愿者总人数增速），并据此测算出“十四五”时期全市年度志愿服务总时长可达12010万小时。相应地，2017—2020年重庆全市年度开展志愿服务项目数量分别为2.8万个、3.2万个、14.4万个、18.53万个，而该指标望增长30%（该指标与注册志愿者总人数高度相关，但可一定程度地略快于注册志愿者总人数增速），并据此测算出“十四五”时期全市年度开展志愿服务项目数量为24.55万个。

全市年度募集福利彩票公益金总额和全市年度募集体育彩票公益金总额分别代表了慈善活动资源的汲取能力，上述项目在“十三五”末期金额分别为97300万元和100400万元，参照“十三五”彩票公积金增速，以及福彩、体彩的项目金额增速，提出并形成上述指标“十四五”期间将分别达到140000万元和170000万元的水平。

表4-2　“十四五”时期重庆慈善活动指标预测

序号	具体指标	“十三五”末期值	“十四五”末期预期值	备注
1	全市社会组织年度捐赠收入总额(万元)	175300.50	262950.75	
2	全市社会组织年度公益事业支出总额(万元)	223600.00	318240.00	
3	全市年末注册志愿者总人数(万人)	631	710	
4	全市年度志愿服务总时长(万时)	8660.8	12010	
5	全市年度开展志愿服务项目数量(万个)	18.53	24.55	
6	全市年度募集福利彩票公益金总额(万元)	97300.00	140000.00	
7	全市年度募集体育彩票公益金总额(万元)	100400.00	170000.00	

(二)“十四五”时期重庆慈善组织指数

慈善组织指数体现了重庆民间慈善的发展情况；其规模反映了慈善类社会组织的体量，也是慈善组织能力、组织发展水平的重要标识。涉及组织规模、组织现状等两类二级指标。

在组织规模中，涉及重庆慈善类社会组织总数、每万人拥有慈善类社会组织数量、社会服务机构（民办非企业单位）数量、慈善类社区社会组织数量等具体指标。

在组织现状中，涉及3A级及以上等级的慈善类社会组织、慈善类社会组织党组织覆盖率、获得公益性捐赠税前扣除资格的慈善类社会组织数量等具体指标。

关于重庆慈善组织中具有公开募捐资格、取得公益性捐赠税前扣除资格的组织数量，该指标的增长严重依赖于重庆规模以上慈善组织的发育成熟度，因此对该指标不宜直接采用外推的方法。结合对重庆现有慈善组织情况的了解和掌握，本研究选定那些相对成熟的、具备争取成为具有公开募捐资格（80家）和取得公益性捐赠税前扣除资格（150家）的慈善组织作为潜在对象，按照在“十四五”期间其中一半左右的能够转化为公开募捐资格和取得公益性捐赠税前扣除资格，据此测算出相应结果。本部分结果依赖于2020年重庆相关统计结果，故此处为示意，待数据补上后再做调整。

表4-3 “十四五”时期重庆慈善组织指标预测

序号	具体指标	“十三五”末期值	“十四五”时期预期值	备注
1	年末全市性慈善组织数量(个)	125	180	
2	其中:具有公开募捐资格(个)	31	64	
3	其中:取得公益性捐赠税前扣除资格(个)	85	150	

（三）“十四五”时期重庆慈善贡献指数

慈善贡献指数用于评价慈善事业对地区社会经济的贡献程度，慈善是改善民生的事业，在扶贫济困、社会培育、创造就业方面都起到了重要作用，对慈善事业经济贡献的衡量可以反映当地慈善创造的可见价值。

“慈善贡献指数”指标由“就业贡献”“财政贡献”两个二级指标构成，从人力与财力方面衡量慈善事业产生的进步效益。本部分涉及的关键指标包括：

社会组织从业人员占经济活动人口比重：注册地址在本地辖区内的所有社会组织的员工总数除以总经济活动人口数。该指标反映社会领域转化为公益活动的潜力。“十四五”时期该指标预期值为0.8%。

慈善类社会组织从业人员本科及以上学历占比：本科学历员工数/慈善类社会组织从业人员总数×100%。“十四五”时期该指标预期值为25%。

慈善持证从业人员数：持有社会工作师、助理社会工作师等专业资质人员且在慈善类社会组织中从业的人员总数。“十四五”时期该指标预期值为40%。

慈善类社会组织总资产：本地所有慈善类社会组织截至某一自然年末的资产总和。“十四五”时期该指标预期值较之“十三五”时期应取得40%的规模增长。

慈善类社会组织净资产：本地所有慈善类社会组织截至某一自然年末的净资产总和。“十四五”时期该指标预期值较之“十二五”时期应取得40%的规模增长。

慈善类社会组织业务活动总成本：本地所有慈善类社会组织截至某一自然年末的业务活动成本总和。“十四五”时期该指标预期值较之“十三五”时期应取得40%的规模增长。

（四）“十四五”时期重庆慈善影响指数

慈善影响指数用于评价地区慈善事业所发挥的影响作用大小，慈善事业发挥的影响不仅在于帮扶，更在于理念的传播、愿景呈现与爱心的传递。“慈善影响”由“服务影响”“传播影响”“荣誉获得”三个二级指标构成，从慈善事业辐射的人群、范围与实际效果考察，反映公众主观感知认知程度以及慈善事业被认可的程度。

表4-4 “十四五”时期重庆慈善组织指标预测

序号	具体指标	“十三五”末期预期值	“十四五”时期预期值	备注
1	品牌慈善组织及品牌慈善项目数量	55	120	
2	新闻媒体传播指数（满分100）	71	85	
3	省部级荣誉奖励数量	25	40	

（五）“十四五”时期重庆慈善透明指数

慈善透明指数用于评价地区慈善事业的公开程度，公开透明是慈善事业赢得社会公众信任与支持的基石，透明程度也反映了该地区慈善事业的专业化程度。慈善透明指数分为“公开内容”“公开渠道”“监督检查”三个二级指标，旨在考察慈善类社会组织依法进行信息公开的状况，也反映公众对行业知情权与监督权的落实情况。主要涉及的包括：

慈善事业发展报告或专项研究数量：本地发布的慈善周

期性报告或专题报告数量。该指标“十三五”期间尚缺少统计，“十四五”期间预期值为30份。

慈善类社会组织年报上报率：本地实行信息公开的慈善组织数量/本地慈善组织总数×100%。该指标“十四五”期间预期值为100%，属于约束性指标。

慈善类社会组织信息公开率：本地实行信息公开的慈善组织数量/本地慈善组织总数×100%。该指标“十四五”期间预期值为100%，属于约束性指标。

慈善类社会组织信息公开平台建设：包括专门的慈善信息公开网站、微信、微博，例如地方民政部门网站、慈善组织网站。该指标为定性指标，“十四五”期间应实现重庆慈善组织的全媒体建设，也可依托重庆慈善总会下设子频道的方式，为重庆各类慈善组织提供呈现机会。

（六）“十四五”时期重庆慈善发展指数

慈善发展指数用于评价地区慈善事业发展过程中的创新力度。随着科技的发展与国外先进经验的引进，慈善事业近年来产生了诸多创新举措，更新了解决社会问题的方式和思路。“慈善发展指数”涉及“政策落实”“活动交流”“慈善标志”三个二级指标。

本部分涉及公益创投总额、举办慈善运动捐款活动次数、参与省部级及以上慈善交流合作活动次数、举办慈善交流合作活动次数等指标。其中：

公益创投总额属于预期性指标，“十三五”时期重庆尝试开展了公益创投。参考其他省份经验，公益创投与本地募捐资源及总体额度高度相关，因此“十四五”时期按照重庆慈善募集额度的5%予以考虑，即该部分约为13250万元/年，合计值为6.5亿元左右。

举办慈善运动捐款活动次数属于参考性指标，“十三五”时期该指标未能充分统计，且存在口径不一、难于识别等问题。建议“十四五”时期将其作为慈善组织上报内容的必填字段之一，按照慈善组织上报情况汇总形成结果。

参与省部级及以上慈善交流合作活动次数属于参考性指标，“十三五”时期重庆主要是以慈善总会为代表，参与省部级及以上慈善交流合作活动。在十四五时期，更倾向于各类慈善组织都能够争取、获得更多的参与省部级及以上慈善交流合作活动的机会。按照平均1起/年/慈善组织的预期标准，设定本方面的指标。

三、“十四五”时期重庆慈善事业发展的实施路径与保障措施

重庆市慈善事业发展成果有目共睹，坚持创新引领以及政策落地让重庆市慈善组织实现双量共同突破、互联网募捐能力连年攀升、志愿服务精神倡导与实践氛围浓厚、慈善扶贫促民生发展效果显著。重庆市在取得慈善创新发展的同时还存在较大的发展空间，需要形成更为完备扎实的实施路径与保障措施。

（一）加强慈善事业发展统筹规划，提升重庆市慈善共治创新能力

一是建立健全慈善事业主体慈善发展联系协调机制。各级民政部门与各级慈善行业组织、枢纽组织应当加强沟通联系，建立协调网络机制，将重庆市慈善事业下成一盘有规划、有战略、分步骤、抓落地的大棋局。通过定期举办慈善发展研讨会、慈善发展联席会、慈善规划咨询会、民生领域问题解决会等形式，组织慈善行业组织、枢纽组织、高校智库、社会公众提意见、出主意、想办法，做到统筹全局、利益兼顾，协调一致。尤其是在农村留守儿童问题、养老服务供给问题、社区治理问题等方面应加强与行业组织、社区社会组织的沟通交流，充分利用社会力量解决社会问题，共同提升重庆市慈善共治创新能力。

二是拓宽慈善事业发展领域，创新慈善领域新模式。在做好扶贫、救助、特殊群体关怀、应急救灾等传统慈善项目的同时，重庆市慈善事业管理部门和慈善组织应当加强与其他城市的联系，学习成都、广州、上海等地慈善创新和社会治理先进做法和经验。通过政策层面支持慈善创新，促进慈善组织活动、慈善人才培育、各类创业活动的良性有序发展。如广州市的公益创投以及层级制的社会组织孵化制度，成都市的社会企业扶持政策等。

三是加大慈善事业各类支撑平台建设力度。《中华人民共和国慈善法》第二十三条规定“慈善组织通过互联网开展公开募捐的，应当在国务院民政部门统一或者指定的慈善信息

平台发布募捐信息”。目前，民政部正在开展第三批慈善组织互联网公开募捐信息平台的遴选工作，鉴于华龙网集团在我市公益慈善领域的较大影响，建议支持华龙网集团股份有限公司等企业搭建互联网募捐信息平台，创新募捐方式，广泛连接多方社会力量，深入推进重庆公益慈善事业的发展。如果我市慈善事业的互联网募捐平台搭建成功，一方面，要及时发布相关信息。另一方面，要进一步精细化打造运作诸如志愿服务平台和慈善扶贫信息平台，细化平台建设主业，做到基本慈善信息的全面透明公开，将数字慈善发展融合进慈善信息平台建设进程中。

四是做好慈善行业数据统计工作。完善慈善信息数据统计平台，实行年度慈善数据发布制度。鼓励慈善组织通过多种方式和渠道进行信息公开，使受众对象、利益相关方都能得到及时、有效的内部和外部信息。通过信息披露制度加强慈善组织的能力建设，形成法律监督、行政监督、舆论监督、公众监督的监督管理机制，不断增强慈善组织的社会公信力。针对全市的慈善组织做好信息统计工作，每年及时收集与更新各类组织的动态信息，包括慈善捐赠、社会组织、志愿者、从业人员、慈善项目等方面的信息，并通过各类媒体，官方网站定时披露。一方面能够掌握全市慈善基础数据，有利于找出短板，提高决策效果，另一方面，能够通过数据推动慈善组织的信息公开和信息统计水平，利于慈善组织的规范化和专业化运作，打通组织间的交流障碍，实现信息共享与资源对接。

（二）深挖慈善潜能，提升重庆慈善创新水平

重庆市慈善事业借助互联网持续推进慈善创新，在互联网募捐、慈善信息公开、慈善宣传等方面取得了很多突破。重庆市慈善事业的新阶段应从互联网入手，需要及时总结互联网带来的新改变、新经验和新规律，结合重庆地方特色提出新思路。

一是深挖“互联网+慈善”资源，为重庆慈善事业赋能。在近两年与腾讯公益基金会的合作步入深化阶段的基础上，利用近几年互联网慈善捐赠数据，结合腾讯平台数据，从捐赠结构、捐赠来源、捐赠额度等方面全面、深刻总结重庆市互联网公益的经验，找到共性、规律。建议重庆市慈善总会与腾讯公益慈善基金会、全国性行业组织合作成立互联网慈善研究基地，作为重庆市发展互联网慈善事业的落脚点和根据地。

二是鼓励公益创投主体多元化，为重庆慈善事业开源。公益创投的主体不仅仅局限在政府，可以鼓励慈善会、基金会、企业等社会影响力资本关注公益慈善领域，以“投资”思维支持公益慈善组织的能力发展。以同时关注“经济”和“社会”效益为出发点的社会影响力投资，一方面关注项目解决社会问题的成果，一方面关注项目的可持续发展能力。

三是探索新兴技术在慈善领域的运用，为重庆慈善事业增效。大胆尝试区块链技术、数字慈善技术、平台技术在慈善领域的应用，鼓励高校、企业科研团队为重庆慈善事业研究开发新产品，为慈善组织开展网络募捐、信息公开、项目

管理等基础提质增效，为重庆市慈善事业向更高层次发展奠定技术支撑，保持重庆市慈善创新的领先势头。

（三）加强慈善组织队伍建设，建立内外部监督相结合的有效监督机制

在慈善组织队伍建设方面，应着重从建立专业化和职业化的慈善组织团队、加强慈善组织公信力建设、提升信息公开透明水平、建立慈善资金使用跟踪反馈机制、增加善款善物流向的透明度几个方面入手，加强慈善组织内部监管。此外，健全新闻媒体、公众等社会力量监督和制约机制，加强社会对慈善组织运作的外部监督。尤其要高度重视筹募后善款善物使用的规范透明及高效，必须有效管控“黑天鹅”类风险。不断提升重庆善资源筹募者的工作能力，避免由于项目管理机制失灵导致的潜在风险和行业声誉损失。

拓宽与高校智库的合作联系，为重庆慈善事业引智。通过与重庆大学、重庆市委党校、重庆工商大学等本地高校以及北京、上海、广州等地的研究机构建立联系，探索重庆市社会企业认证、社会创业倡导、公益创投、社会组织发挥作用等相关研究，为重庆市慈善事业发展出谋划策，为实现重庆慈善事业的融合发展打下坚实基础。

第五章　重庆市“十四五”时期慈善事业专项规划

本章作者

谢世麒，重庆医科大学护理学院讲师、博士。

杨艳梅，重庆市慈善总会常务副秘书长、重庆市慈善捐赠服务中心主任、高级会计师。

“十三五”时期，重庆市慈善事业改革、发展与治理取得显著成效，开创了崭新局面，站在了新的历史起点。“十四五”时期，全面培育城市慈善文化、打造慈善品牌，推动慈善事业高质量发展，是在新发展阶段中深入贯彻落实“五位一体”总体布局、“四个全面”战略布局和新发展理念的时代要求，是加快推进国家治理体系和治理能力现代化、市域治理体系和治理能力现代化的必然要求，是重庆慈善事业在第三次分配格局中发挥更大作用的现实要求。

本规划根据《中共中央关于制定国民经济和社会发展第十四个五年规划和二〇三五年远景目标的建议》《重庆国民经济和社会发展第十四个五年规划纲要》等有关文件要求制定，主要阐明“十四五”时期重庆慈善事业的总体目标、基本思路、重点任务和保障措施，是“十四五”时期重庆慈善事业高质量发展的蓝图和行动纲领。

一、明确奋斗目标，推动重庆慈善事业高质量发展

“十四五”时期是我国全面建成小康社会、实现第一个百年奋斗目标之后，乘势而上开启全面建设社会主义现代化国家新征程、向第二个百年奋斗目标进军的第一个五年，我国将进入新发展阶段。围绕高质量发展、高品质生活的目标，需要推动重庆慈善事业在“十四五”时期取得新进展，是今

后五年社会领域的重大现实课题。

为此，必须始终坚持以现实问题为导向、以群众需求为导向、以发展目标为导向。充分发挥公益慈善事业在第三次分配、涵养社会关系、引领社会风尚、提升城市文明等方面的积极作用，努力打造具有时代特色、巴渝特点的现代慈善创新发展高地。

二、今后五年的总体思路

（一）指导思想

坚持以习近平新时代中国特色社会主义思想为指导，深入贯彻落实党的十九大，十九届二中、三中、四中、五中全会精神，紧紧围绕坚持和完善中国特色社会主义制度、推进国家治理体系和治理能力现代化的总目标，慈善为民，依法行善，推动重庆慈善事业发展取得新成绩。紧紧围绕重庆经济社会发展的中心工作，尤其是围绕建立高品质生活宜居地的具体目标，完善具有时代特征、重庆特点的慈善治理体制。发挥社会组织在慈善治理中的作用，畅通和规范市场主体、新社会阶层、社会工作者和志愿者等参与慈善事业的途径，加强和创新市域慈善治理，推进市域慈善事业现代化，为重庆市经济社会发展作出新的更大贡献。

（二）基本原则

坚持政治引领。始终把坚持党的领导作为慈善事业发展的首要原则。充分发挥各级党委在慈善事业中的核心作用，坚持以党建为引领，确保慈善事业规范有序发展。

坚持以人为本。坚持人民主体地位，把慈善事业变成市民参与的生动实践，让人民群众成为慈善事业的最广参与者、最大受益者、最终评判者，以慈善事业不断提升人民获得感、幸福感、安全感。

坚持依法治理。坚持用法治思维和法治方式规范慈善主体行为，推动慈善事业阳光化、透明化；坚持以法制为底线，确保慈善事业合规化运行。

坚持多元共治。坚持把协同参与、全民共建共享作为慈善事业的着力点，引导和支持社会力量参与慈善服务，充分发挥多元主体在慈善治理中的协同、自治、自律、互律作用，实现政府治理和社会调节、居民自治良性互动。

（三）主要目标

坚持党对慈善事业的全面领导。坚定慈善事业发展正确的政治方向，实现慈善组织党建工作的全覆盖。发挥重庆市慈善总会的枢纽平台作用，健全和完善慈善组织党员管理服务方式，从严抓好党员的教育、管理和服务。加大慈善组织党建工作品牌的培育、典型树立和宣传力度，引导慈善组织和广大党员自觉践行党的宗旨和社会主义核心价值观。

释放社会慈善参与动能，社会协同水平明显提高。最大限度激发慈善事业发展活力，动员公众有序参与。推动企业积极主动地履行社会责任，孵化有条件的民间性组织注册成为慈善组织。

构建慈善资源整合平台，慈善事业治理能力逐步形成。推动建设“智慧慈善”平台，实现信息、数据、资源等互联互通和共享，实现慈善资源供给与需求的有效对接和配置；全面推行“阳光慈善”，实现慈善组织年报、信用记录、慈善信息公开的信息化。鼓励企事业单位和其他组织开展慈善活动或发起成立慈善组织；鼓励大众媒体平台为慈善事业提供公益性传播支持；鼓励第三方专业机构为慈善组织的相关活动“赋能”。

表5-1 重庆市“十四五”时期慈善事业发展的主要指标

序号	具体指标	“十三五”末期值	“十四五”末期预期值	性质
1	全市社会组织年度捐赠收入总额(万元)	175300.50	262950.75	预期性
2	全市社会组织年度公益事业支出总额(万元)	223600.00	318240.00	预期性
3	全市年末注册志愿者总人数(万人)	631	710	约束性
4	全市年度志愿服务总时长(万时)	8660.8	12010	约束性
5	全市年度开展志愿服务项目数量(万个)	18.53	24.55	预期性
6	全市年度募集福利彩票公益金总额(万元)	97300.00	140000.00	预期性
7	全市年度募集体育彩票公益金总额(万元)	100400.00	170000.00	预期性

续表

序号	具体指标	"十三五"末期值	"十四五"末期预期值	性质
8	年末全市性慈善组织数量（个）	125	180	预期性
9	其中：具有公开募捐资格（个）	31	64	约束性
10	其中：取得公益性捐赠税前扣除资格（个）	85	150	预期性
11	品牌慈善组织及品牌慈善项目数量	55	120	预期性累计值
12	省部级荣誉奖励数量	25	40	预期性累计值

三、重点任务与主要工作

（一）助力乡村振兴

对标乡村振兴有关要求，形成与各部门相关政策体系和工作机制有效衔接的乡村振兴慈善体系。按照慈善法律法规和相关政策要求，引导村（社区）通过合法公开募捐平台开展社会动员，畅通和规范社会力量参与慈善项目的途径，确保捐赠资金专款专用，发挥最大效益。围绕村（社区）公共、公益需求，发挥各相关部门政策、资源优势，实行慈善项目分类支持，做到精准施策、因地制宜、循序渐进。并按市级统筹、全市联动、协同支持原则，协同推进慈善项目实施，促进慈善项目实施环境持续改善。围绕"产业兴旺、生态宜居、乡风文明、治理有效、生活富裕”的乡村振兴总要求，依托互联网集聚慈善资源，形成持续化供给能力。围绕农村困境儿童、“三留守”群体，筹集慈善资金形成常态化持续资助；聚焦基层基础设施建设、疫后恢复重建、基层社会治理、乡风文明建设等，形成一批慈善项目落地实施；弘扬与乡村振兴相适应的新型慈善文化，积极吸纳新乡贤、农村退役士兵、致富带头人等加入乡村振兴慈善事业。

（二）全面加强慈善组织党建工作

坚持党对慈善事业的全面领导，坚定慈善事业发展正确的政治方向。推动重庆慈善组织党建工作“全覆盖”，在社会组织党建工作背景下，不断探索适合慈善组织特点的联动新机制。探索建立慈善领域党建联建机制，健全完善慈善组织党员服务方式，从严从实做好党员的教育、管理和服务。探索将党建工作的组织结构、资源投入、工作成效纳入慈善组织评估、评审、评价等全程；探索将党建工作的学习教育、宣讲宣传、品牌培育纳入慈善事业的政策宣导，引导慈善组织和广大党员自觉践行党的宗旨。

（三）不断加强慈善制度环境建设

围绕慈善事业在社会治理和第三次分配中的地位和作用，促成《重庆市慈善促进条例》在“十四五”时期顺利出台，为慈善组织管理、互联网募捐、慈善资产管理、综合监管、登记评估、慈善教育、促进举措等各方面夯实法治保障。在社会企业、慈善信托、社区慈善会、慈善超市、慈善地标认定等方面，探索各类具有前瞻性、引领性的试点规制办法，为重庆慈善事业创新发展增添动力。优化慈善组织办理非营利组织免税和公益性捐赠税前扣除资格认定流程，全面推行慈善组织电子捐赠票据。优化慈善组织登记认定、申请条件和审批流程，在自贸区背景下探索与国际惯例相接轨的慈善组织管理服务新机制。

（四）继续推动慈善组织创新培育

围绕服务特殊困难群体、支撑社区发展、促进基础研究、应对突发公共事件、生态环境保护等重点领域，大力培育新兴慈善组织，促成既有慈善实体在“十四五”时期通过登记认证等方式转型为慈善组织，引入市域外部慈善组织来渝合法合规开展业务，探索建立慈善组织的退出机制。推动慈善组织的能力评估和等级认证，以评促建、以评促改，不断提升重庆慈善组织的服务能力和服务效果。鼓励支持企业、慈善组织兴办公益性科研、教育、文化、医疗、养老、儿童、救助、环保、助残等服务实体和设施，壮大慈善服务实体；鼓励支持慈善组织以专项基金、项目运作等方式，形成多元化的服务供给能力。

（五）持续探索慈善机制优化升级

以“互联网+慈善”为引领，探索慈善捐赠新机制。利用互联网和区块链技术，鼓励和支持慈善组织与金融机构、募捐平台的深度合作，在“99公益日”等既有“互联网+慈善”项目的基础上，探索与更多全国性互联网募捐平台的嫁接渠道。加大对慈善组织募资和投资活动的指导和支持力度，推动慈善资产科学化管理，鼓励创投机构、担保机构根据慈善资产特点推出专属产品。创新发展慈善信托，鼓励政府、企业、家族和个人通过慈善信托的方式参与慈善事业，探索以政府资金为杠杆带动社会资源共同参与的慈善信托模式，推进公益创投等领域的标准化建设。

（六）加快培育慈善品牌创新项目

制度化地开展创新引领性慈善项目的遴选，通过项目督导、资源连接、能力支持等方式，不断补充和丰富山城慈善品牌内涵。继续打造“大病救助基金”“社区阳光基金”“助浴快车”“健康扶贫·光明助困”等品牌慈善项目，适时夯实品牌内涵、做大品牌传播、做优品牌升级。筹备形成具有整体性、引领性的山城慈善主品牌，打造“山水之城 美丽之地”的慈善名片。

（七）持续优化慈善发展环境

夯实慈善事业的信息化基础，探索建设慈善智慧平台，实现信息、数据的互联互通和共享，助推慈善资源供给与需求的有效对接和配置。探索将慈善组织年报、信用记录、募捐情况等信息事项依托在线平台公开，不断提升慈善行业公信力。

优化慈善事业的外部环境，持续推动慈善双向交流。积极引入市外慈善组织，尤其通过慈善组织联合、整合、分设机构等方式，推动成渝地区慈善事业主体联动。鼓励重庆慈善组织“走出去”，面向成渝地区双城经济圈、西部大开发等区域发展主题，实现慈善理念、能力的对外辐射，进一步提升和丰富重庆慈善生态。

优化慈善事业的治理环境，加大政府扶持力度。在“十四五”时期将更多项目纳入政府购买服务指导目录，加大政府购买慈善服务的力度，强化基于绩效审计的慈善服务购买项目效果评估。在社会救助、养老服务、儿童服务、扶贫济困、社会工作、志愿服务运营管理等方面，在同等条件下优先考虑慈善组织承担服务。支持有条件的慈善组织承接政府委托或转移的职能。

（八）不断强化社会参与慈善力度

鼓励企事业单位和其他组织以优惠价格或捐赠方式为慈善组织及其活动提供活动场所和其他便利条件；鼓励新闻、广告等媒体为慈善组织的公益广告、信息公开和宣传等给予支持和优惠；鼓励第三方专业机构为慈善组织的有关活动提供公益支持。

鼓励支持慈善组织设立社会工作岗位，深化社会工作者和志愿者（义工）联动，充分发挥社会工作的专业优势和志愿服务的社会参与优势。试点推动慈善人才的行业认定，在“十四五”时期形成并发布慈善行业组织薪酬标准指引。大力弘扬慈善文化，健全完善“重庆慈善奖”“重庆慈善捐赠榜”等激励褒扬机制，探索与其他社会表彰联评联动机制，试点在征信体系等社会性评价中直接纳入慈善评价等结果。

四、保障机制

（一）加强组织领导

进一步强化对慈善事业价值的认识，将发展慈善事业等要求与我市国民经济和社会发展“十四五”规划和市、区民政“十四五”专项规划等相衔接，将慈善文化建设纳入社会主义精神文明建设整体规划及文明创建活动考评体系。民政部门要切实担负慈善事业牵头统筹、政策制定、行业规范管理等职责。

（二）强化行政监管

建立慈善监管的信息共享和行政监管机制。健全完善慈善活动信息公开制度，推进慈善领域社会信用体系建设，将慈善捐赠、慈善服务纳入守信联合奖励和失信联合惩戒制度覆盖范围。严格执行慈善组织抽检制度，加大对违法违规慈善活动的惩戒力度。

（三）完善社会监督

加强社会公众和媒体监督。畅通公众投诉举报渠道和方式，及时反馈、及时公布查处情况。以政府购买第三方专业机构评估服务的方式，对慈善组织进行评估。鼓励和支持新闻媒体、网络媒体和社会公众依法对慈善组织、慈善活动进行监督，对违法违规及不良现象和行为进行曝光。

（四）推动行业自律

建立健全慈善行业的自我监督和自律机制。发挥市慈善总会等慈善行业组织作用，指导行业组织制定行业自律公约，对违规慈善组织进行曝光。推动慈善组织建立以章程为核心的法人治理结构，及时履行信息公开义务，不断提升慈善行业公信力。

第六章　慈善组织参与乡村治理的优化路径——来自重庆秀山Y村的调研

本章作者

李松耕，重庆市委党校行政管理学硕士，重庆市市政设计研究院有限公司干部。该调研报告系研究生在读期间成果，指导老师为谢菊教授。

为研究慈善组织参与乡村治理的现存问题，课题组围绕慈善组织参与乡村治理的实践情况与存在问题开展了专题调研，作为本研究的案例性成果。

一、慈善组织参与Y村治理的现状

（一）Y村的基本情况

秀山土家族苗族自治县，隶属重庆市，位于重庆市东南部，武陵山脉中段，四川盆地东南缘外侧，为川渝东南重要门户。一是地理位置上，介于东经108°43′6″—109°18′58″、北纬28°9′43″—28°53′5″之间，东北部与湖南省花垣、龙山、保靖县毗邻，南部与贵州省松桃苗族自治县相连，西北部与重庆市酉阳土家族苗族自治县接壤，处于三省一市的交界地带。二是幅员面积上，至2013年底，秀山县总面积2462平方千米，边境线长320千米，下辖27个乡镇、街道。三是人口结构上，县域内少数民族以土家族、苗族为主，另有瑶族、侗族、壮族、白族、回族、布依族等少数民族聚居于此，共计30个民族，其中少数民族人口占总人口58.7%。本研究的目标对象正是位于秀山县钟灵镇的一个小村落，其在区位分布、自然资源以及人居特征等方面都极具中西部欠发达地区的综合特征，加之少数民族聚居和多省毗邻的独特优势，因此将Y村作为本研究的目标对象是具有一定代表性意义和现实价值的。具体而言，Y村的主要情况有如下三方面：

1.区位分布

Y村地处秀山县城东南边，是梅江河的发源地，距离县城42公里，与贵州省松桃县、印江县接壤，全村面积为27.4平方公里，其中天然林地32000亩，耕地5127.42亩，其中田面积为3281.75亩，土面积为1845.67亩。

2.自然资源

Y村人杰地灵，自然风景秀丽，林多地少，绿树环绕，溪流遍布，负氧离子极丰富，是全县休闲旅游胜地，素有钟灵镇后花园明珠之美誉，境内生长着古生物时代的物种——桫椤树，还有国家一级保护植物——红豆杉等珍稀物种。主要的农产品包括莴苣、小胡萝卜、梨子、洋蓟、大芋头、黄豆芽等。此外，Y村村域内现有金银花种植地3200亩、核桃种植地500亩、雪莲果种植地100亩、其他中药材种植地约200亩。

3.乡村建设

Y村曾是典型的贫困村，辖11个村民小组、541户共有2452人。截至2020年11月仍有贫困户60户323人，未脱贫户1户5人。经过地方党委政府、扶贫干部、村两委[①]的持续攻坚，该村贫困发生率由最初的12.36%降到该年年底的0.21%，低保户共42户146人，留守儿童共110人，困境儿童1人。2015年以来，Y村着力加强基础设施建设：其一，共完成通组

① 中国共产党村党支部委员会和村民自治委员会的简称，习惯上前者简称为村支部，后者简称村委会。村支部的职能是宣传共产党政策、帮助党的路线方针政策在基层的落实、带领广大基层人民在党的领导下发家致富奔小康。村委会是村民民主选举的自治组织，带领广大村民致富，协助乡镇政府工作。它不属于国家机关。

公路11条25公里，其中，通村公路于2016年10月顺利贯通，打通了村民与外界的通道，过去到县需要4小时的车程，如今1小时就能到达；其二，Y村已完成移动基站建设3个，基本实现4G网络的全覆盖；其三，完成人畜饮水池6个，村民吃水难的问题得到彻底解决；其四，完成入户便道12000余米，实现了组组通畅，户户通达的目标。通过不断努力，截至2021年3月，全村如期完成脱贫攻坚各项指标，贫困户全部脱贫摘帽，人均纯收由2014年的3000余元增加到1.5万余元，Y村的美好画卷初具雏形，全村经济社会持续提升，产业发展初具规模，为乡村振兴战略实施奠定了坚实的基础。

（二）Y村治理的基本情况

Y村在钟灵镇党委政府的正确领导下，以坚持民生为导向，持续提升村民增收，改善人居环境为中心，不断推进产业发展和乡村治理。2021年Y村集体荣获“重庆市先进城乡社区组织”“重庆市绿色示范村”“重庆市示范社”等荣誉称号。上述诸多荣誉得益于Y村党支部携手广大村民勇于开拓创新、扎实推进脱贫攻坚。从党建工作看，Y村党支部着力从5个方面予以推进：其一，优化班子建设。Y村以换届选举为契机，新当选村干部4人，选举镇党代表5人，人大代表6人。其二，强化基层党组织建设。全村共有党员40人（预备党员1名），其中女党员4人，35周以下的7人，流动党员11人，大专以上文化水平的有3人。6年来，发展新党员7人，2021年发展预备党员1名，入党积极分子2名。其三，加强教育培训。大力宣传党员楷模，做好先进模范教育活动，提升党员干部素质。其四，推动联系群众工作。利用月度主题党日活动，做好思想政治工作，使广大党员思想上始终和党中央保持一致。其五，完善制度建设。定期召开组织生活会，建立重大事项通报制度，按季召开脱贫攻坚工作情况通报会。

1.建立责任共担机制，对口帮扶取得实效

Y村两委和驻村第一书记[①]通过建立联合帮扶机制持续推动巩固脱贫攻坚成果。具体来看，县税务局派出帮扶干部16名，对口帮扶Y村46户贫困户，每年制定帮扶措施500余条，共落实帮扶资金220余万元。通过厘清帮扶责任，帮扶干部定期开展走访，与对象户交心谈心，鼓励他们进一步树立脱贫致富的信心，并逐户制定切实可行的帮扶措施。2020年通过数据比对清理实现全部脱贫，顺利实现年初的减贫计划，所实施的各项措施得到了贫困户和村民的认可，全村取得的优异成绩得到各级领导的高度肯定。

2.力争政策持续支持，助推优势产业发展

为将全村金银花种植规模做大做强，村民除享受地方政府的产业补助外，驻村书记为村民争取到了对产业发展的补贴政策，经济的支持进一步激发了Y村村民发展产业的热情。一方面，新种植的农户根据种植情况如实向合作社申报补助，并将种植的品种、规模报合作社备案，实施一次性补贴。2020年9月前合作社组织人员以户为单位进行实地验收，并将种植情况经双方签字认可，作为补贴的依据，决定对成

① 驻村第一书记，从省市县机关优秀干部、年轻干部，国有企业、事业单位优秀人员和以往因年龄原因从领导岗位上调整下来、尚未退休的干部中选派。驻村第一书记将为全面推进乡村振兴、巩固拓展脱贫攻坚成果服务。

活的金银花每株定额补贴人民币1元，多种多补，以实际为准，不受种植规模的限定。另一方面，实行鲜花销售给予比例和固定分红相结合，专业合作社如实登记村民鲜花销售情况，并按户建立销售台账，每斤鲜花固定补贴0.2元。当专业合作社销售成品盈利的情况下，在提取的村集体经济中再提取20%进行再分红，实现金银花种植农户收益的最大化。此外，Y村两委在充分征求广大村民意见的基础上，从产业发展、基础建设、乡村文化建设、人才培养和乡村治理等方面，在全县率先制订了《Y村巩固脱贫攻坚成果与乡村振兴有效衔接2021—2025年规划》，并得到了市慈善总会的支持。规划进一步明确了乡村振兴的目标任务：一是到2025年将Y村建设成为山青水美的云端绿洲。二是打造金银花和种苗集散中心。三是建设康养宜居宜业的示范村落。

3.关爱特殊困难群体，传播公益慈善能量

其一，对贫困学生实施助学关怀。2015年以来，为近20名贫困学生每年资助生活费2.04万元，缓解生活压力，并鼓励学生勤奋读书，培育社会有用之才。5年来，全村考入高等院校接受教育的有30余人。其二，关爱村内孤寡老人。Y村两委依托重阳节和传统节日开展送温暖活动，了解村内高龄老人、失能老人、孤寡老人的生活状况，帮助清理室内外卫生，派送节日慰问礼品，让其感受到政府和社区的关爱。其三，组织志愿者到Y村小学开展“大手拉小手”“和小朋友们过好一个节”“完成一个心愿”和“送法进校园”等系列活动，利用元旦、六一、宪法宣传日等特殊节日与小学生开展联欢，帮助他们树立正确的世界观、人生观和价值观。此

外，志愿者队伍还自发帮助学生购买学习用具、衣物、球鞋等学习生活用品，共计价值2万余元。其四，加大内引外联力度，借助Y村慈善超市平台成功接收爱心人士捐助衣服2000余套，价值近60万元，为有需要的村民免费发放，接收捐款50万元，解决150人次困难学生生活费问题。

4.鼓励社会力量参与，推进和谐乡村建设

社工队伍每年制订帮扶计划近300余个，多次开展儿童文艺才华展示，走访慰问空巢老人120余人次，教授坝坝舞40场次。具体而言，社工队伍的工作内容主要涉及对留守儿童和空巢老人的关心关爱、学习辅导、技能提升和心理疏导，形成“白+黑”工作模式，即社会工作者白天走村入户，调查了解情况，摸准需求，围绕村民的需要制订相应计划，有针对性地开展各项工作；晚上利用空闲时间组织老年人开展健身活动。目前，Y村坝坝舞已成为全村老人的主要健身运动，并在全镇的文艺汇演中多次上演。其次，针对“留守老人”生活缺少照料、医疗困难、安全隐患多等现实情况，及时引入社工队伍参与，为其提供物质支持和社会服务，安排专业人员负责照料老人的日常起居，分担家庭养老压力。社会力量的广泛参与，给予了老年人情感援助，助推乡村社会融合，提高老年群体的生活满足感和幸福指数。

（三）慈善组织参与Y村治理的基本情况

1.打造乡村慈善募捐新业态

市慈善总会进乡村、到两委，以“乡愁”为纽带，动员Y村村民、创业人士、在外务工工作人员为Y村互助开展小额众

筹。本土人力资源及其社会网络是慈善资源最大的矿藏，将成为助推Y村慈善事业发展的动力源和驱动器，开辟慈善募集新业态。

2.增添基础设施建设新动能

市慈善总会以依托慈善项目的方式，协助Y村两委，共同对Y村敬老院和幸福院进行了维修，重新更换了水管和室内外线路，让特殊供养人员生活更加幸福。同时，大力支持Y村实现教学设备设施更新换代。市慈善总会为Y村小学1至6年级的教室安装了空调及校园音响1套，有力地改善教师的生活条件和学生的学习环境，着力回应Y村村民的基础设施建设需求。

3.开发乡村治理参与新动能

慈善的力量在于民众之中。市慈善总会从城市至乡村的深度嵌入，不单单是组织参与，更是一种组织赋能，其裹挟着各类社会资源和治理能量。一方面，通过主动参与乡村治理营造互帮互助风气，激发广大村民慈善的参与热情，开发大众参与治理的新动能。另一方面，慈善组织通过资源连接，得到了社会各界慈善力量的大力支持，为Y村治理的有效实现争取到了大量有用资源。

表6-1　慈善组织社会资源连接实践统计表（来源：Y村党支部）

连接单位	连接资源和用处	重要意义
重庆市雨皇舞蹈工作室	连接13000元，为Y村小学学生送上文具、饰品、音箱、运动器材等，慰问留守儿童10户，慰问贫困家庭5户。	为这些孩子埋下一颗爱学习、想学习的种子，鼓励他们用知识改变命运。
重庆市慈善总会	连接渝东南少数民族地区留守儿童奖学金资助金7万元，助力Y村75名困境儿童学业发展。	解决这些家庭的学习困境，确保每个人都有书读。
TFBOYS粉丝后援会	连接资金3000元，为Y村小学捐赠乐器，设立“凯源爱心音乐教室”音乐室，帮助学生实现音乐梦。	丰富孩子们课余生活，培养孩子们的艺术细胞，陶冶孩子们的高尚情操。
大森集团	连接“大森之家”奖学金50万余元，为Y村20名家庭贫困、品学兼优的学生每年提供两千元至三千元不等的奖学金，持续十年。	保障学生能读出头，不会半途而废，有助于乡村振兴中的人才振兴。
肖战粉丝后援会	连接资金1000元，为Y村9名五保户老人捐赠米粮油，助力Y村精准脱贫。	关爱弱势群体，助力精准脱贫。
瑞幸咖啡有限公司	连接月饼礼包150份，价值19300元，为Y小学全校师生送上中秋节礼物。	传承中华民族优良传统，提升文化自信。
重庆两江新区翌科志愿者服务中心	连接爱心学习包126份，价值6万余元，为孩子们送去学习用品及图书。	解决孩子们的切实困难，让孩子们能安安心心、快快乐乐读书。
中华慈善总会	连接全新图书共3700册，价值10万元。	提供精神食粮，丰富课外图书。
段奥娟粉丝后援会	连接资金1000元，为Y村10名贫困老人捐赠米粮油，助力Y村精准脱贫。	全面小康路上一个都不能少。
蒙特利科技有限公司	连接校园音响一套，价值2000元。	完善学校教学功能，保证学校音乐教学正常开展。
重庆市慈善总会	连接助残资金7837元，为Y村30名困难残疾人发放物资关怀包。	改善残疾人生活，让残疾人过一个温暖的冬天。

4. 开辟乡村慈善文化新路径

慈善文化是中华优秀文化的核心元素之一，与社会主义核心价值观一脉相承，乡村是广大村民幸福安居的乐园，是最为基础的群众自治组织，更是受众最广泛、传播最深入的慈善文化宣导路径。所以，市慈善总会的深度下沉，通过驻扎一线基层，项目团队进村庄、进两委是慈善文化在乡村实现良性传播迈出的新一步。

二、慈善组织参与Y村治理存在的问题及成因分析

“后扶贫时代”的到来，使Y村将工作重心逐渐转向巩固脱贫攻坚成果，切实推进乡村振兴战略实施落实落地。Y村针对现存的村民参与度不高、社会组织发育不良能力不足、社会资金不足等问题，积极培育、吸纳社会力量融入治理过程，采取了多重方案措施予以改善。但在调研中发现，互联网时代慈善组织参与乡村治理的结构及其配套机制尚未建立成形。具体还体现在慈善组织功能角色的认知存在偏离，慈善组织自身独立性不够、能力建设不足、项目运行不力、慈善文化营造不充分。在治理网络重心转变、治理结构调整和治理机制转型过程中，诸多负性因素杂糅持续影响慈善组织自身功能顺畅发挥，削弱网络化治理质效。

（一）慈善组织的功能角色认知偏离及成因

所谓角色的认知偏离，是相较于角色适应而言的，是指角色在特定情境下对自身权利义务的形式不恰当而导致的角色偏离现象，即角色行为及行为的外部性与社会的角色期待不相一致，进而产生的角色冲突、角色错位等。本研究目标对象在参与Y村治理时，同其他治理主体的互动与适应过程中产生的角色认知偏离主要体现为以下两方面：

1. 当地政府对慈善组织的认知偏差

慈善组织缺乏一定独立性和自主权，当地政府在推动慈善组织参与乡村治理进程中，对于慈善组织的角色定位往往欠缺考虑，政府与慈善组织间的关系实为“伙计”式雇佣与被雇佣关系，而非“伙伴”式协同合作关系。近来，伴随我国乡村振兴战略的深入实施，慈善组织参与乡村治理的地位愈加凸显，慈善组织扮演“雇佣工”形象的情况也愈加明显。这种现象出现的原因在于，慈善组织理应与政府保持一种契约合作关系，相互间平等、协同、互促，但这却成为了一种理想化状态，在实际的项目落地过程中往往形成了一种雇佣与被雇佣的关系，慈善组织在与政府博弈中很难建立自身的话语权，显然这与慈善组织成立之初的目的相违背。

2.Y村村民对慈善组织的认知偏差

这种认知不足表现为两种片面的判定方式：一方面，市慈善总会参与之初，在Y村村民看来，项目团队的工作人员就是“外乡人”。笔者在调研中了解到，部分村民曾对项目团队表示担心：“信不过这些穿着红色马甲背心，臂挂袖章的人”，认为他们既不是邻里乡亲，也不是党委政府，囿于对这类群体知之甚少，不理解这些人为什么要来帮助自己，因此在村民内心深处会对其产生防备心理；另一方面，随着服务时间的增长和服务成效的显现，Y村村民逐渐接纳了项目团队，但又会产生另一种截然不同的消极的角色认定。市慈善总会项目团队作为项目服务提供者，需要为Y村村民提供符合项目规划内容的相关服务，在服务范围上包括高龄老人、残障人士、留守儿童、易返贫家庭等弱势群体，服务内容一方面聚焦为Y村村民提供专业的社会服务，另一方面则是为Y村困难村民提供一定的经济支持、生活补助等。其发挥的功能颇具“准行政”“二政府”特征。正是基于该服务供给模式，慈善组织很难与Y村村民形成较好的“专业关系”，村民会对其产生认知模糊，往往会把慈善组织当作替他们排忧解难的“政府”，产生过度依赖的心理。当Y村村民与慈善组织建立感情纽带后，往往会存在“移情”现象。村民难免会假设性地认为自身的要求能够一直得到满足，认为反正政府是兜底的。如此一来，便加剧了慈善组织项目执行的难度及项目成本的负担。

（二）网络化治理结构存在的问题及成因

1.治理目标与主体未达成协调一致

哈贝马斯在“话语民主理论”中将话语判定为一种权利，即“人们围绕公共事务以自由、平等的身份展开辩论、对话和商讨，并最终达成政治共识的过程”[①]。当前，网络化

① 胡润忠：《哈贝马斯的话语民主理论：解读与评论》，载《中国第三部门研究》，2014年第1期。

治理结构中治理主体之间位置所呈现出的“中心—边缘”化结构形态，一定程度上形塑了纵强横弱权力格局下的“独白性话语”。具体而言，因脱贫攻坚任务的艰巨性和特殊性，Y村在近几年“强政府”的嵌入式治理过程中，整体框架上具备了“治理”在形式上的结构和功能，在外界社会组织引入、社区社会组织孵化、政务信息公开、公共服务购买中都展露出了网络化治理结构的“协同共治、沟通高效、责任共担”的特征。但实际上，Y村在持续推进治理的进程中，已经在治理内涵上产生了些许偏移。例如Y村在与市慈善总会协同推进“互联网慈善”助推乡村治理的先行试点过程中缺乏经验与参照，导致Y村在社会组织培育、社会力量吸纳等方面一定程度上存在追求速率而忽视效能，社会力量在“揠苗助长”式的高速增长过程中，呈现“营养不良”“吸收不足”，导致社会组织发展欠佳、村民自治不充分不到位、多方参与程度不高。

2.治理机制尚未完成转型

网络化治理结构所要达成的目标愿景与具体实践还存在一定差距。一方面，网络化治理结构的应然运行状态，是政府与市场主体、企事业单位、村民、村民自治组织以及社会组织间建立合作伙伴关系，强调公私协商合作，重视网络化信任关系的搭建。但在实践中，Y村仍然遵循由上及下的传统行政式管理模式，制度性隔阂衍生出沟通协商的机制障碍，信息壁垒和管理碎片化现象依然存续，导致信任联结机制缺失、监督激励机制不足、责任共担机制匮乏等系列机制问题；另一方面，公平合理的利益实现机制是多方治理主体协同合作的重要动力，是治理共同体形成的关键要素。马克思曾说："社会是物质生产关系的总和，人们奋斗所争取的一切，都同他们的利益有关。"[①]慈善组织、村民自治组织等社会组织是乡村治理内生秩序中的重要自治主体，其可通过多元化竞争机制保证村民的利益实现，通过社会化协调机制促进村民的诉求表达。但现实来看，目前的Y村在村民利益机制的构建与实现层面尚未显现端倪。Y村利益实现机制的松散化、无序化趋势导致乡村多元主体利益分化与失衡，后者的演化又必然会进一步造成对乡村利益实现机制的冲击与破坏，二者相互循环的后果是乡村社会从外在形态到内在价值一定程度的撕裂。典型的例子，就是Y村干部对传统酒席举办采取审批程序。经过实地调研得知，在Y村可以听到式样繁多的"酒席"名目：修房子办酒，新房子上梁办酒，房子"合门"要办酒，还愿办酒。甚至还可以最近诸事不顺为由，邀请亲朋前来唱跳一番，并举办酒席。在Y村曾流行一句话："三年不办酒，你就亏起走"。跟许多农村一样，Y村民间也曾"办酒风"盛行，有事无事都要办酒，吃酒席必然得送礼，许多村民对此苦不堪言。为此，Y村干部采取了"一刀切"整改措施，在村里拉大幅标语："办酒席要审批"，即除了婚丧嫁娶和80岁以上老人过整岁生日，经审批可以办酒席，其他酒席一律在禁止之列，并对悄悄办席的道路都予以封堵。自此，Y村的"办酒风"得到较大程度遏制。但实际上，这是对乡村利益实现机制的逆传统化调整，对于部分的村民而言，

① 中共中央编译局：《马克思恩格斯选集》（第1卷），人民出版社2000年版。

这种强硬措施短期内难以接受，但又不得不接受，自身利益诉求受到约束限制，个人价值目标与乡村治理目标不相一致，一定程度上削弱村民参与治理的积极性和主动性。当然，本研究绝非否定Y村两委针对整治“办酒风”措施的初衷和成效，而旨在以此为提示，探讨在具体实施过程中可否另辟蹊径，探索一种较为温和的渐进式整改方式，比如依托以公益慈善为代表的第三方力量，为乡村公共服务和村庄生态提升提供新的补充性来源。

因此，本研究认为要推动形成乡村治理共同体，充分整合乡村多元主体利益是必要一环，关键在于找到利益“平衡点”、求取各方利益的“最大公约数”，勾勒出乡村社会共治同心圆，促成广泛行动自觉，凝聚普遍行动共识。此外，多元化竞争机制的探索是需要考虑的方面。这取决于多重因素，包括增加农村公共物品的供给总量、促进公共物品差异化供给、营造农村公共物品竞争格局[①]等。

综上，Y村在稳步实现传统管理结构向网络化治理结构的转变过程中，要引入基于合作契约的协同治理网络，在治理主体上，坚持多元主体协同发力，在各主体间搭建互通互达互信的治理网络，在共有价值的凝聚下达成目标愿景的同一性。在治理机制上，注重彼此沟通，促进相互信任，均衡各利益相关者的切身利益，在利益实现机制上加以强化，达成共同的利益目标。在治理资源上，充分地利用村域既有自然资源和社会资源，发挥慈善组织的独特功能，利用新兴技术

① 张锋：《农村社会组织参与乡村治理的利益机制与制度建构》，载《学习与实践》，2020年第8期，第96—104页。

手段和治理方式引入外界社会资本，形成资源配置的最优化，更好地为农村服务。

（三）慈善组织自身能力建设存在的问题

经过前期文献资料梳理，有关慈善组织参与乡村治理的相关案例较为稀少，学界对其参与治理的方式和自身功能定位始终莫衷一是，这与慈善组织自身建设发展相对不成熟紧密相关。特别是其内部管理、人才培养、信息整合、项目运行等方面发展还不平衡不充分，这都严重阻碍着慈善组织参与乡村治理的有效性。上述问题在市慈善总会参与Y村治理的过程中同样存在，具体表现为专业人才缺口大、人才培育制度不健全、项目管理存在“业余主义”等三个方面。

1. 慈善组织参与Y村治理的专业化人力资源匮乏

“人”是一切活动开展和运行的必要前提，是基础性要件。在本案例中主要体现在两方面内容：一方面，慈善组织的内部治理。慈善组织内部的规范建设包括基础管理事务、财务管理、法律保障等都需要专业人员去打理，因此具备较高水平的专业人才储备必不可少；另一方面，慈善组织参与Y村治理的过程需要具备专业化人才资源提升效能。2021年4月，《中华人民共和国乡村振兴促进法》颁布，明确指出应当加强职业教育，组织开展职业技能等培训，加快乡村人才队伍建设，为乡村振兴提供人才支撑。因此，第一步需要明确Y村治理过程中亟需的专业人才类型，其次有针对性地在慈善组织内开发、发掘、培育和引进急需人才，赋能技能、人力、心理、社会等资本，这对于推进乡村治理愿景实现，推动提升乡村治理效能来说至关重要。目前来看，市慈善总会内部在应急管理、心理学、社会学、传播学、医疗卫生专业方面的人才缺口较大，亟需进一步扩大对上述人才的引进力度，提升慈善组织内部专业化水准，这对于提高其整体参与治理的能力、应对风险的能力大有裨益，同时也会推动慈善组织参与治理更加趋于规范化。

2. 慈善组织内部亟需完善人才培育制度

主要体现在内部人才培养机制、人才激励机制和人才职业发展通道等方面的不健全。当前不论是大学毕业生还是社会工作者，在求职方面都存在一个共性倾向，就是希望工作稳定可靠，并希望获得较高的薪资。但对市慈善总会而言，这些方面并不占据优势，因此亟需改进人才管理体系，设置梯度成长培养体系，同时要有吸引人的条件，让立志从事公益慈善事业的人群乐意加入到这一领域内。

实际上，人才流失是任何组织难以杜绝的现实问题，但要尽可能去避免，这有利于慈善组织内部人员结构保持相对稳态。因此，在规范化问题上，不仅要规范化的制度予以硬性约束，更需要专业化的人力资源作为软性支撑。因此，慈善组织亟需建立与之相适应的人才吸收、培育、发展和转化机制，兼具灵活性和实用性，如此方才利于慈善组织实现可持续发展，更好融入乡村治理过程。

3. 慈善组织的项目管理存在“业余主义”和参与效能不足

慈善组织的功能发挥过程需要依托载体，此载体就是具体的慈善项目。慈善组织项目管理能力的优劣将直接影响慈善组织参与治理的程度与取向，而项目管理能力强弱则主要体现在项目计划的完成度和针对性、项目执行的监督情况、项目执行人员的专业素养考察、项目服务对象的满意度等方面。笔者在观察中发现，慈善总会在项目管理过程中存在不同程度的问题。具体可体现为三个方面：

其一，项目执行人员“一肩多挑”，整体流失严重。项目团队人员在项目进行过程中的作用非常关键，不论是民办慈善组织，还是官办慈善组织，往往都会面临人力资源与项目数量不成正比的窘境，出现一人身兼数职，工作高压导致人员流失的境况。市慈善总会的项目具体执行人员结构中应届大学生占有一定比例，专业构成具有多样性特征，但普遍较缺乏社会经验和实践经历，项目运作流程和技巧掌握不足，往往为支援其他重要项目实施而搁置本职工作的现象也较为常见。

其二，志愿者群体流动性较大，监管与交接存在漏洞，参与效能大打折扣。志愿者是项目执行的中坚力量，市慈善总会志愿者群体中重庆高校的学生或城乡社区工作者的占比较高，时刻面临学业和就业的问题，要确保每次志愿服务都参与十分困难，制约项目开展的持续性和稳定性。

其三，项目执行专业化程度不足，“业余主义”现象明显。从实践来看，自2015年以来，市慈善总会“乡村振兴Y村花卷”项目共开展了包括元旦节、元宵节、妇女节、母亲节、劳动节、儿童节、端午节、重阳节和党史教育等主题活动25场，服务1500余人次；策划开展吉他、书法、舞蹈、安全教育、阅读和技能培训等小组活动19个，服务550余人次；提供个案服务18个，服务26人次，有力缓解了案主的情绪压力，针对性地解决了案主个性化需求；开设慈善超市1个，提供各类物资折合现金30000余元，服务800余人次，通过慈善超市的积分兑换制度，群众参与治理的积极性变高；开展课业辅导40余次，服务300余人次，提高了学生的学习成绩和学习兴趣；开设亲情聊天室1个，服务50余人次。市慈善总会深入农户、学校开展的多样化活动，取得了较好的社会反响。但是，由于部分项目运作和管理的专业化程度不高，一定程度上影响了项目“接地气”“本土化”，慈善项目多停留在受益对象体验和参与的初级层面，具有民族特色以及情感共鸣的深层次精神层面的项目还不多。

（四）慈善文化营造存在的问题及成因

农村社会慈善事业是我国公益慈善事业发展的一支短板[①]。无论是城镇，还是农村，一般认为慈善事业发展都需要三大基础，即社会基础、经济基础以及道德基础（文化基础）作为支撑。一个健康、有序、可持续的社会，不仅要有殷实的物质为基础，更需要具备高度的文明得以为继。相比之下，Y村与城乡社区在上述方面的发展均存在较大差异性，在慈善文化的营造上尤为明显，本研究认为主要有两方面体现：

1. 慈善文化传播渠道有限，帮扶济困的价值取向难以引导

Y村慈善事业的发展不仅在数量上面临慈善组织总量不足

① 黄闯：《农村社会公益慈善事业发展的困境与出路》，载《哈尔滨市委党校学报》，2014年第5期，第84—88页。

的困境，且慈善力量的有效覆盖率也较低、质量不高，有效的慈善文化传播途径更谈不上，这最终成为了导致慈善组织募集资金能力不足和村民互助价值取向无人引导的重要原因之一。同时，Y村的人口空心化趋势和村民内部弱组织化状态也阻碍了慈善文化环境的营造。

2.慈善事业发展基础薄弱，广大村民慈善意识较为淡薄

Y村村民慈善意识总体上相对比较淡漠，制约Y村慈善文化培育与良性发展，这其中涵盖着本地慈善资源和传统慈善文化两个不可忽视的要点：

一是本土慈善配套资源不足。从调研与案例描写情况观察，Y村在治理过程中主要依赖市慈善总会的外部介入，通过地方政府联结村两委、慈善组织共同为Y村输送各类有用资源，包括物资、资金、信息、人员等。因此，慈善组织亟需进一步孵化、培育相关专业团队与人员，进而嵌入Y村对村民进行慈善宣讲、传播、引导、教育以及动员，培养广大村民参与公益慈善的意识和能力，发挥慈善组织文化引领作用。

二是传统慈善文化制约自发性慈善力量的生发。乡村社会普遍存在一种现象，即传统慈善文化语境下，认为慈善理应是“有钱人”的事，与普通老百姓无关。在本案例中同样存在这种情况，特别是一些在“返贫线”徘徊的仍然没有富裕起来的村民，认为自己是慈善事业发展的受益对象，而并非农村慈善事业发展的重要主体和促进力量。

三、慈善组织参与乡村治理的优化路径

通过前述章节对慈善组织参与Y村治理的具体情况进行梳理，我们基本掌握了我国慈善组织参与乡村治理过程的实际问题与症结所在。这为本章节探索具有针对性的优化路径提供了较好的研究思路与现实样本。

在实证研究的基础之上，本文结合前述所构建的网络化治理结构，对慈善组织何以更加有效地参与乡村治理过程的可行之径进行探索与归纳。整体思路遵循结构功能主义理论框架，按照AGIL模型从慈善组织的角色重塑、网络化治理框架构建、慈善组织自身能力提升、慈善文化塑造与传递等四个层面予以分析，以期形成具有指导性和启发性的政策建议，从而有效化解现实中所面临的治理困境。

（一）适应功能路径：重塑慈善组织的功能角色

一切慈善组织都具备并致力于实现其特定的目标、价值和愿景。这是基于社会组织不仅是社会服务的提供者和公共政策的倡导者，更是社会价值的捍卫者和社会资本的建设者[①]的角色定位。据此，在深入推进乡村振兴战略实施，持续推动乡村建设的宏观背景下，互联网时代的慈善组织在参与社

① 文军：《中国社会组织发展的角色困境及其出路》，载《江苏行政学院报》，2012年第1期。

会治理、提供公共服务、联结社会资本、捍卫社会价值等方面，具有其独特的价值和功能。

1.治理网络的参与者：协调角色

慈善组织通过沟通政府与市场、政府与社会、社会与市场，使乡村在市场机制的作用下，形成以政府、企事业单位、非政府组织和农民为主要对象的新的利益整合关系，发挥非政府组织的桥梁和纽带作用[①]。

其一，慈善组织通过扎根乡村，凭借行为示范引导村民参与。慈善组织依托其“草根”特性深入乡村，通过在扎根乡村、摸清村情、了解村民等方面具有的先天优势，协助政府决策更加科学民主，回应村民实际需求。同时，慈善组织的参与行为有利于在乡村社会中形成良好的社会秩序和参与氛围，有利于唤醒村民的主人翁意识，促进乡村社会的广泛自治。

其二，慈善组织在宣传、引导和监督层面具有优势。慈善组织能够协助政府推动市场主体、村民更好地贯彻法律、法规和政策。慈善组织为政府形塑网络化治理结构扮演着一个绝佳的政策执行者和宣导者角色，这类组织往往比行政机构具备更为迅速的反应，更精良的反馈机制，有利于合作治理框架的搭建。

其三，慈善组织常常充当弱势群体表达自身政治意愿和诉求的代表性角色。其通过协助弱势群体改善生活状况，担当村民和市场、政府的互动中介。一方面，慈善组织可以将

① 张屹立，徐建军：《缺失与重构：非政府组织在乡村治理中的角色探析》，载《农业经济》，2008年第12期，第49—50页。

村民对特定资源和渠道的“实际需求”反映给市场主体，实现供需信息的精准对接，促进生产效益的提高，保障了市场主体的利益需要；另一方面，凭借慈善组织的“润滑剂”功能，有助于乡村社会各阶层、各主体间的纵向与横向沟通，缓解阶层矛盾，维持社会安定有序，是乡村治理中不可或缺的减压机制。

2. 公共服务的提供者：赋能角色

乡村治理有序有效的实现离不开慈善组织在公共服务层面上的持续发力。慈善组织在农村公共服务供给方面具有强于政府和市场的效率和效能优势。一方面，政府作为一种依托行政权力系统得以运转的纵向科层组织，传统的官僚主义弊病与其相伴而生，权力的高度集中与层级节制致使其对村民日益多元复杂的需求和机遇反应迟缓，缺乏加大投入、扩大产出和控制成本的内驱力，与慈善组织相比，在提供公共服务层面效率不高、灵敏度不足、专业性不强的一面尤为明显；另一方面，市场主体固有的“利己主义”，或自身利益最大化趋向，在缺乏利益获取价值的条件下，其立足“村民利益导向”的驱动力不足、积极性不高。

而慈善组织作为一种扁平化的、网络化的、不以营利为目的的社会组织，其缘起于社会大众，扎根于一线社区，相较于其他治理主体而言，更清楚地了解农村社区村民的实际需求，更易接近慈善项目服务对象，精准且及时地回应来自村民及弱势群体的需求。因此，通过本案例的分析与解读，可知慈善组织凭借其功能类型的多样性、公共服务的专业性和组织内在的“利他性”，可作为回应多样化需求的公共服务供给方，通过体制通道联合以及市场化渠道运行向农村输送公共服务资源，能够在提升村民自治能力、挖掘经济发展潜力、推进生态文明建设、培育乡风文明以及化解矛盾等方面形成科学、可靠的农村公共服务供给支柱。因此，重塑慈善组织在网络化治理结构中的功能角色，需要重新审视其赋能角色，准确判断其价值和功能。

3.社会价值的捍卫者：联结角色

所谓社会价值，是相较于个人价值而言的。个体的自我价值既表现为个体存续的意义（包括个体对社会整体的价值、贡献和重要性）和个体自身愿景的达成，也表现为社会对个体需要的回应、满足与尊重。

历史地看，在传统的计划经济体制下，我们未能处理好个人价值与社会价值间的关系，往往过于强调社会价值，忽略个人价值的重要性。主要表现在：片面强调个体利益无条件服从家庭的、家族的、集体的、国家的整体性利益，对个体正当的利益诉求不够重视，因此助长了个体对集体的普遍性依赖，削弱了个体的积极性和创造性。改革开放以来，随着我国经济体制的转轨，个人价值受到很大程度的重视，但忽视社会价值的倾向又产生了。具体表现为，有些个体为了实现自我价值，不惜损害家庭、社会、国家利益，这也是不可取的。

理论层面看，在人类社会演进过程中，追求“个体的愉悦”和“群体的幸福”成为了贯穿其中的一条主线。二者的统一是个人价值与社会价值的交汇转换过程，其影响着百姓众生应以何种状态处理生存与生活、发展与创新间的关系。

因此，辩证理解社会价值可有多重维度。从“社会人”假设视野看，其核心价值追求乃人性之本源；从社会发展视野看，其核心价值乃社会存续之支柱；从社会治理视野看，其核心价值是广泛凝聚社会力量之关键。进而，社会价值取向关乎人类发展经济、政治、社会和生态等根本性问题，其与慈善组织的本质宗旨和功能角色交相呼应。

因此，正确处理乡村治理中各主体的价值取向需要依靠慈善组织予以联结。价值取向日趋多元的当前，民众的价值观念呈现多样化、多层次的发展趋势，难以避免地渗入乡村社会治理领域中。本质上看，应对此类问题，应着眼社会价值进行思考、研究和解决，而这些领域都为慈善组织的参与留有“一席之地”。例如，实施村民自治、培育和践行社会主义核心价值观、乡风文明培育行动、道德模范引领作用发挥、调处化解乡村矛盾纠纷等，无不彰显着坚守乡村社会价值的重要性和必要性，慈善组织所开展的系列项目、活动都覆盖了上述政策领域，在培育和引导村民的社会价值层面拥有极大的发挥空间和潜在可能。因此，慈善组织作为该网络化治理结构中的社会价值捍卫者，在“串联”政府、企事业单位、市场主体、村民等多元主体时，富有自身的独特“执行力”优势。

（二）功能整合路径：构建网络化治理的结构框架

单位制的解体以及市场经济体制的壮大发展，使得个体自我意识不断觉醒，主体性逐渐强化，加速了个体、组织、部门间关系的扁平化、网络化演进趋向，进而推动社会结构实现由“总体性社会”向“网络化社会”的转型。“总体性社会”背景下，国家或政府作为唯一一种权力与权威同构的运行载体，其与“网络化社会”语境相比，系统节点在权力与责任分布方面呈现截然不同的态势，即前者为纵向一致的垂直分布，而后者为多点扩散的划分样态。

就政府而言，其作为网络化治理结构中的一个节点，不再是唯一的权威中心，相应地，社会（相较于国家、政府）作为整体结构中一个子单元，可通过其他主体以及民众的权力赋予方式获取一定程度的“非法定权威”，充分发挥自治功能。

总体来说，作为网络化治理结构中互相关联的原点，国家与社会之间并非自上而下的纵向隶属关系，而是跨领域、跨行业、跨边界的协同共治关系，国家将“治理权威代理给私营部门、公私合作关系以及非政府组织”①，促成网络化治理结构成为必然趋势。因此，为适应此种发展变化情形，对治理方式进行适时调试与回应很有必要。

① Wilson E. Towards Accountability in Democratic Network Governance[D]. Dalhousie University，2015：1.

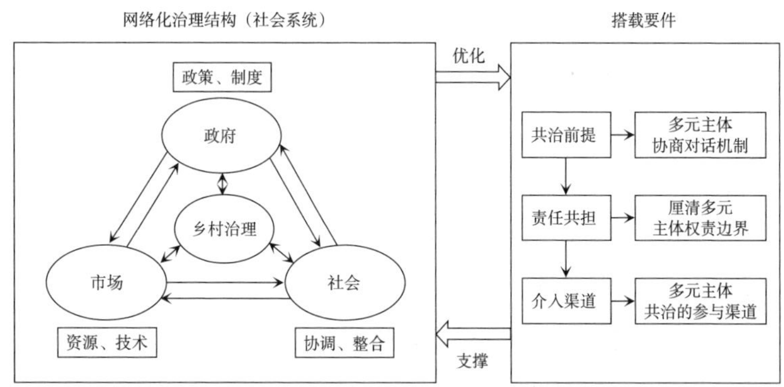

图6-1　网络化治理结构及其运行机制

网络化治理结构是一种以扁平化为特征，以多主体共同利益为导向，以高效协作为原则的合作共治结构。因此，基于上述研究梳理与回顾，本文认为应从对话协商机制、主体权责划归以及共治渠道扩展等方面确保网络化治理结构框架的搭载与优化。

1. 共治前提：多元主体协商对话机制

平等有序的协商对话机制是促成多元主体共有价值生成、公共行动采取以及公共责任履行的先决条件。因此，网络化治理视域下的关键问题解决，要依靠良性对话协商机制的建构与完善。

其一，开拓多元主体参与交流、对话、协商的公共性场域。可由政府、村委会等权威机构予以提供，也可由慈善组织协同村民共同开辟一处公共空间，如村祠堂、村民议事院坝等。当然，这类公共场域可以是实体场所，也可以是线上虚拟空间，目的在于将亟需回应诉求的利益相关者组织在一起进行协调对话。

其二，构建多元治理主体间的信任联结机制。通过机制设计，多措并举增进各主体间的信任感，缩小彼此距离感至关重要。一方面，可由权威部门出面主导协调，增进相互间信息互通共享，消除需求信息壁垒，建立各主体间互惠互信的关系；另一方面，要重视发挥慈善组织的平台效应，面向广大村民进行理性教育与宣传，力求呼唤公共价值理性，促进彼此尊重，避免集体无意识驱动矛盾激化，引发利益纠纷。

其三，建立健全互动整合机制。目的旨在促进沟通协商效率的提升，削减多元主体的沟通成本，涉及公共价值概括、信息资源整合、多方利益调节等方面的内容可交由行政机构加以执行，确保主体互动效率。对互动沟通中所凝练出的有用信息、价值取向、利益诉求等可记录，作为后续商榷的前期背景和基础。同时，由慈善组织进行接收、转化，便于制定有针对性的规划方案，逐步推动矛盾转化、诉求表达以及利益实现，助推乡村治理合力形成。

2. 责任共担：厘清多元主体权责边界

责任的共同履行是应对网络化治理困境的关键保障，是推动农村利益相关者的共同愿景转变为社会现实的基本路径。结合本研究第二章提出的理论分析框架，我们认为，网络化治理结构中的多元主体的责任履行具有异质性，且存在明显边界感，各主体亟需厘清各自的权利、责任与义务，并制定相应的体制机制予以固化，避免主体责任的错位与缺位现象发生。政府、市场主体、慈善组织、村民等都是治理网络中的代表性参与者，它们在网络化治理结构的运转线程中本质上并非一个统一整体，因此，一个显著的治理困境是，基于各主体诉求的独特性与差异性，要想协调不同利益导向的主体实现资源合理利用，明确共同维护和推动治理的责任，在网络化治理结构中共谋发展，科学合理的权责划分和激励措施的采取就成为了必然要求。政府明确自身定位，履行协调、维护与监管职责。在我国的话语体系之下，传统意义上应对治理难题的核心主体依然是权威行政部门，也即政府，但由于网络化治理的特殊优势昭示着政府要及时转变治理思维，意识到“有形之手”和“无形之手”要协同发力，既要充分地给予开放性发展空间，也需要适当合理地调控和干预。同时，通过适当的政策引导、收费标准制定、运行流程监控，确保多元治理主体在自身运营过程中把握住公共服务的基本原则和道德观念，特别是对于市场主体、企事业单位、慈善组织以及其他社会力量，更需要政府予以监督，适时引导，充分发挥营利性组织与非营利性组织的能力优势，积极承担社会责任的同时，处理好社会效益与经济效益间的平衡关系。

3.介入渠道：拓宽多元主体共治的参与渠道

拓展慈善力量参与乡村治理的渠道，要重点聚焦治理方式的创新与社会资本连接通道的扩展。客观而言，慈善组织的参与渠道非常有限，其与多元治理主体间的协商、互动、合作共治的途径不多，大多通过承接政府职能转移的方式或受政府委托参与乡村治理，存在依附性强的特性，缺乏参与乡村自治、决策、管理以及矛盾纠纷化解的制度性安排与平台搭载，这制约慈善组织参与乡村治理的效果。

因此，要在加快推进基层政府职能转变，厘清政府、市场与社会的责权界限，在规范政府权力的基础上，加大对慈善组织赋权和赋能力度。其一，要建立健全政府购买慈善组织公共服务的清单制，以“清单化”方式规定政府购买服务的形式、内容和期限，激发慈善组织参与乡村治理的热情，提高慈善组织承接政府职能转移提供公共服务的主动性，促进社会力量在农村的成长发育①；其二，拓宽专业化人才引进渠道，依托慈善组织这一关键平台，孵化和培育服务“三农”工作的高素质人才队伍。实施高质量人才发展计划，持续培养囊括乡村规划、设计、建设、管理等领域的专业人才和乡土人才。同时，地方政府积极出台城市人才下乡服务乡村建设的激励政策，提高相关待遇水准，为乡村治理提供人才支撑。

（三）目标达成路径：提升慈善组织参与乡村治理能力

1.依托互联网思维，提升慈善组织治理能力

依托互联网开放包容、互联互通、共享共赢的内在特征，以及流程再造、体系共生的外在效果，将是提升慈善组织参与治理能力的有效路径。

一是在地方慈善领域政策法规中充分融入互联网元素。在地方出台与《慈善法》配套的地方条例中，充分融入互联网思维，将信息公开平台、大数据慈善供需匹配、数字化慈

① 刘瑜：《农村社会组织：促进社会善治重要力量》，载《人民论坛》，2013年第9期。

善全流程监管、电子化慈善活动留痕、基于区块链慈善公信力构建等内容充分体现在政策设计中。

二是建立健全地方慈善领域管理信息化机制。由行政主管部门或慈善行业组织搭建统一的线上平台实现捐赠与需求信息的公开统筹，使公共资源和慈善资源协同发力，汇聚形成网络化治理的重要资源支持，鼓励各类慈善组织充分聚集社会资源，提升整体性资源配置效率。

2. 优化互联网工具，实现慈善信息透明反馈

大力培育外部化的互联网募捐公益人才队伍，依托数字化手段优化慈善项目运行。建议发挥高校在校学生熟悉互联网，离退休人士时间充裕，退役军人群体组织性强，社会工作者熟悉公益慈善实践等各自优势，引导培育各行业、各年龄段的互联网募捐公益人才队伍。在规范培训、过程管理、目标考核基础上，形成具有地方特色的、专群结合的互联网募捐公益人才队伍。此外，完善网络慈善运作多方协同机制很有必要，以此推动慈善组织和互联网平台线下实施跟进过程的数字化能力提升，加强慈善组织、平台方与民间公益组织的线上线下一体化合作，实现社会救助信息和慈善资源、服务信息的对接、共享和匹配。

3. 创新互联网传播，引导慈善事业新型参与

青年群体是互联网文化的创造者，也是慈善组织实现同外部社会资源对接的关键群体。作为互联网与慈善的交集，亟需创新慈善组织的互联网传播方式，高度重视培养青年群体、大学生的慈善精神。

一是鼓励慈善组织、慈善项目为大学生提供公益实践机

会和暑期公益岗位，为乡村治理，乡村建设，乃至乡村振兴注入新鲜血液，输送各行业青年才俊，采取财政少量补助、精神鼓励、荣誉表彰等方式，吸纳社会捐助和用人单位资源，并与高校实践育人、思政教育等工作联动。

二是以线上趣味性、故事性、启思性慈善项目吸引年轻群体参与。慈善组织要特别重视以抖音、Bilibili等为代表的短视频平台传播功能，采用以“网红达人+短视频”为形式的创新性公益活动进行慈善宣传、发布和披露相关公益活动事项。以慈善项目短视频大赛等形式征集优秀作品，生成一批极富地方特色的，代表公益慈善精神内核的互联网短视频，提升慈善组织的正向舆论影响力，着力打造具有高度公信力的组织形象。

（四）潜在模式维系路径：慈善文化的正向传递

潜在模式维系，强调在特定的治理结构中的固有文化影响模式的相对稳定性，即原生系统的运行现状不会因时空变迁、要素调整、流动和更迭而产生剧烈的变化，系统内部具备维系其原有结构稳态的内生动力，在某一特定系统运行或活动的休止期到来时，其原有模式能较为完整地存续并产生引导、规范作用。潜在模式维系的内驱力在于社会系统内部价值观作用的持续发挥。

当前，我国乡村治理的价值体系核心衍生于对社会主义核心价值观的追求，这同慈善组织的服务理念和价值取向不谋而合，同时也是慈善组织力求实现的价值追求。慈善组织作为一类致力于救济天下、服务大众、扶弱济困的非营利组织，强调为社会成员提供相对平等的生存机会和生活福利，对于维护农村公平正义，保障农村民生福祉具有重要意义。因此，慈善组织应当结合潜在模式维系的内驱力，即充分融合社会主义核心价值与农村的传统价值观，适应该地区的价值培育土壤，注重在项目执行或者服务过程中向村民传播正向、积极的价值导向，不断完善和夯实农村既有价值体系，通过农村下沉至农户家中，实现优秀文化的正向输入，推动价值取向在村民中间内化于心外化于行，切实发挥慈善文化的价值引导功能。

1. 营造良性慈善环境，坚守舆论传播阵地

互联网在乡村治理过程中发挥着愈加重要的作用，互联网传播平台作为农村价值观传播的舆论阵地，对农村潜在模式维系的重要意义日渐显现。因此，慈善组织及其工作者必须主动参与到网络阵地话语权、主动权的引导上来，营造风清气正的乡村治理网络环境。

一是慈善从业者要创新发展农村共有价值的宣传渠道，借助“两微一端”、抖音等互联网传播媒介平台宣导村域内健康向上的民生、热点、好人好事等村民关注的公共新闻，力求以“实、短、新、快”的传播风格迅速获悉事件前因后果，力求以最短时限还原事件全貌，保证传播的真实性和时效性，为慈善组织传播平台塑造良好的民众口碑。

二是慈善组织要联合村委会工作者坚决抵制网络上散播的不实谣言、虚假信息和有害信息。要辩证地认识互联网及其传播平台的本质属性，既要看到其信息传递的高度便捷

性，输送文化价值的关键功能性，更应看到虚拟信息传播的低成本、低门槛，流言蜚语肆意传播的危害性。

三是慈善组织要依靠网络平台传播力强、受众广泛、影响力大的特性，尝试发起“模范农户”“农村楷模”等线上投票活动。一方面，有助于营造农村和谐友好氛围；另一方面，让榜样的力量投射到每位投票参与者，通过先进人物先进事例发挥模范引领作用，以点带面，以面辐射区域，在村域形成示范效应，传递正能量，传播“好声音”。

2.融入慈善价值观，培育乡村慈善文化

价值观的传播会潜移默化地深入人心，引导人们的决策与行为。从事慈善事业是基于一种“助人自助”的价值理念，运用自身的经验累积、知识储备、理论工具以及实践手段帮助那些需要救助和扶持的对象。乡村治理的价值目标与个人事业的目标追求既有重合又存差异，后者强调个体目标实现以及个人利益最大化，体现个人利益最大化的“经济人”假设特征，而前者以实现集体利益最大化作为价值取向，强调乡村治理共同体的打造和人居环境的优化，是一种利他主义回归与具现，这与慈善组织所追求价值观具有高度一致性。

通过向村民持续输入互利互惠、互帮互助、睦邻友好的价值理念，重视网络化治理结构对每位参与主体的结构性利好和制度性责任共担，使微观个体切实感受到治理结构优化所引发的价值观趋同，进一步促使乡村内在价值培植于各成员内心，保障系统建构的稳定性和可持续性。具体到慈善组织以及社会工作的日常中，慈善价值观的嵌入主要通过两条

具体路径得以实现：

一方面，构建一套完善的“符号化”“仪式化”的乡村慈善话语体系至关重要。从心理学角度理解，这是一种基础记忆模式的暗示与强化，即通过在慈善工作者的制服、衣帽、臂章或其他部位印制特定的醒目字样或图案，符号的价值就是形成慈善组织在村民心目中独特的辨识度，符号化记忆有助于提升村民对慈善组织及其工作人员的接纳度。同时，在慈善组织内部，组织成员能以此感受到明显的身份认同和边界，不断增强个体对组织的价值认同和归属感。

另一方面，探索培育多元主体参与的仪式感，它是提升归属感和促进慈善文化传播的重要抓手。仪式感无关乎功能，只关乎体验和尊重。在特定的组织框架中，群体无意识代替了个体有意识。诚然，多数人在处于个体状态时都有独立思考能力，可一旦进入群体，迫于群体压力，为了表现出合群或表现突出，就会和这个群体保持同频，呈现出群体无意识行为逻辑。而仪式感的存在，可使群体受到激励和暗示，从而提升成员在群体无意识状态下的高度忠诚度，激发群体归属感。比如，在慈善组织策划组织的日常活动开始或结束时都进行合唱、合影、互赠礼物仪式，以及奖励发放仪式等。

3.融合多民族文化，形塑乡村共治合力

慈善文化作为一种软实力，在乡村治理进程中发挥着举足轻重的支撑作用，其影响将直接渗透至物质生产的“硬实力”之中，更会同其他类别的文化、价值观产生融合、转化、提升。Y村的少数民族文化便是培植慈善文化的肥沃土

地。因此，要推动慈善形式的创新发展，必须加大对乡村民族文化的挖掘、开发力度，汲取地方少数民族文化资源。就本文的研究对象Y村而言，乡村慈善文化的培育需要依靠乡村各民族群众“携手并进”，其中苗族与土家族发挥着关键的主导作用。在此过程中，两族人民相互依靠，彼此加强文化、习俗的沟通与交流，互相取长补短，学习借鉴。

在多元文化交织与融合的背景下，各少数民族村民的行动方式一致性、价值共识统一性、合作治理协同性会随着文化的交融而与日俱增，加深加强。慈善文化将在这一顺其自然、潜移默化的多民族文化氛围中生发延展，促进村民有意识或无意识地步入“利他主义”治理氛围之中，彼此借鉴学习他族文化，形成共治向心力。

第七章　两个轮子一起转
迈上互联网募捐新台阶

本章作者

况由志，重庆市慈善总会副会长。

杨艳梅，重庆市慈善总会常务副秘书长、重庆市慈善捐赠服务中心主任、高级会计师。

习近平总书记强调：应对此次新冠肺炎疫情危机，“是对治理体系和治理能力的一次大考。既有经验，也有教训”，“要放眼长远，总结经验教训，加快补齐治理体系的短板和弱项，为保障人民生命安全和身体健康筑牢制度防线”。按照习总书记要求，结合抗疫互联网募捐的成功实践，系统回顾总结近年重庆市慈善总会、重庆市慈善捐赠服务中心（以下统称重庆市慈善总会）互联网募捐经验教训，探索“两个轮子一起转、迈上互联网募捐新台阶”的创新发展路子，很有必要，意义重大，影响深远。

一、2020年以前，重庆市慈善总会互联网募捐连年取得突破性进展，但基本是腾讯“99公益日”一个轮子在转

同全国其他地方一样，重庆市慈善总会紧随互联网大势，响应党和国家号召，自2015年开始探索实践互联网募捐。2015年开通和应用重庆市慈善总会网站、腾讯公益等互联网募捐平台，3月31日收到第一笔互联网捐款，金额1元。从那天起，重庆市慈善总会互联网募捐艰难起步、迅速发展，连年取得突破性进展。

2016年互联网募捐25.7万元。2017年，首次参加腾讯“99公益日”募捐416万元。2018年设立互联网募捐部，建立“小专家”团队，再次参加腾讯“99公益日”，募捐3098万

元，筹款额及人气指数跻身全国慈善公益组织前列，位居省级慈善会第1名。

2019年，联动31个区县慈善会、108个社会组织、推出助推脱贫攻坚等192个项目参与腾讯“99公益日”；3天时间里，募捐1.31亿元，其中腾讯配捐2700余万元，募捐额居全国第2位、省级慈善组织第1位，比2018年互联网募捐额净增1亿元。其中，重庆市永川、南川、石柱、巫山、潼南、綦江等6个区县慈善会分别募捐1000万元以上；铜梁、云阳、奉节等3个区县慈善会分别募捐500万元以上。

从2015年3月31日至2019年12月31日共1737天，重庆市慈善总会互联网募捐180785970.87元，5212276人次捐赠，平均每天收到捐款3000笔、104079.43元。2019年，互联网募捐141924463.89元，4478176人次捐赠，平均每天收到捐款12268笔、388834.15元。2019年，重庆市慈善总会互联网募捐占募捐款物总额的29.99%，互联网募捐已“三分天下有其一”，且有逐步增长的势头。

通过五年实践探索，重庆市慈善总会初步走出了一条符合实际的互联网募捐路子：各级领导支持、社会动员有力、项目策划到位、基础工作扎实。这条路子的主要特点是“三个结合”：一是线上线下结合。这是社会动员、营造氛围的好途径。二是“3天捐”与“天天捐”结合。这是推进“人人慈善、天天慈善”的好形式，是全年以腾讯“99公益日”为契机，全年动员，全年募捐，3天集中发力的好方法。三是综合项目与专题项目结合。综合项目适合区县慈善会、枢纽型社会组织，专题项目适合小型社会组织、灵活多样。这些经验，重庆市綦江、云阳、南川、渝北、合川等区县慈善会已做出了有益探索，要总结完善、大力推广。

全国经国家民政部批准具有互联网募捐公募资质、可公开发布互联网募捐项目的平台有腾讯公益、支付宝公益等20家。但是，在2020年以前，重庆市慈善总会基本上是腾讯“99公益日”一个轮子在转。2015年至2019年，重庆市慈善总会互联网募捐中，腾讯公益平台募捐额为176135047.5元（含配捐）、其他公益平台募捐额为4650923.37元，腾讯公益平台募捐额是总额的97.43%，其他公益平台募捐额是总额的2.57%。与陕西、湖北、长沙等先进省市慈善总会相比，重庆市慈善总会最明显的短板是互联网募捐的平台太单一，只有“一个轮子在转”。这样的局面很不适应发展的需要，是不可持续的。

二、从2020年开始，重庆市慈善总会实施“两个轮子一起转、两只翅膀一齐飞”战略，实行“1+4”机制，在抗疫互联网募捐中取得显著成绩

在重庆市慈善总会2019年腾讯“99公益日”总结表彰会上，中共重庆市委原常委、重庆市政协原副主席，重庆市慈善总会会长刘光磊要求，2020年，互联网募捐确保完成6000万元以上，力争再有新突破。

面对新形势新要求，重庆市慈善总会互联网募捐的任务

更加艰巨，难度更大，风险更多，必须研究可持续发展问题，时不我待。2019年底，经过学习、借鉴，重庆市慈善总会作出了“两个轮子一起转、两只翅膀一齐飞”的战略决策。这就是：按照重庆市委、市政府主要领导关于重庆慈善事业发展要创新募捐方式的重要批示精神、重庆市委关于大数据智能化引领的创新驱动发展战略行动计划要求，在大力运用腾讯公益平台的同时，大力运用国家民政部批准的支付宝等平台，加快创新发展，把更多的人力物力财力用于互联网募捐，力争三年左右实现“天天捐”与“3天捐”募捐额同步迈上新台阶，推动重庆慈善事业发展。

同时确定，实行“1+4”机制：

“1”，是由重庆市慈善总会互联网募捐部部长、宣传部副部长张龙波抓总，统筹协调各区县慈善会、各社会组织、重庆市慈善总会各部室打互联网募捐总体战。

“4”，是分4条战线：一是由重庆市慈善总会筹募一部副部长何魏宏牵头，继续大力运用腾讯公益平台，保持逐年增长；二是由重庆市慈善总会互联网募捐部副部长陆安培牵头，重庆市慈善总会志愿者总队翁顺春、邓福香、高峰参加，研究运用支付宝公益平台、淘宝公益网店、滴滴快车公益、京东公益等平台；三是由重庆市慈善总会办公室秦飞牵头，雷勇参加，研究运用百度公益、美团公益等平台；四是由重庆市慈善总会宣传部雷得顺牵头，研究运用微博公益、公益宝等平台。

“两个轮子一起转、两只翅膀一齐飞”的战略决策、“1+4”的机制，在抗疫互联网募捐中经受了实践考验，取得显著成效。2020年1月23日至2020年3月31日，重庆市慈善总会共募集款物2.71亿元，其中，通过腾讯公益、支付宝公益、百度公益、微博公益、公益宝、淘宝公益网店、美团公益等7个平台发起19个项目，获得194万多人次捐赠，共募捐79438219.02元，占募捐款物总量的29.1%。其中，腾讯公益5个项目，1200004人次捐赠，募捐51638764.33元；支付宝公益3个项目，571648人次捐赠，募捐19027191.59元；百度公益4个项目，143716人次捐赠，募捐7144799.09元；微博公益1个项目，30609人次捐赠，募捐544597.07元；公益宝4个项目，3356人次捐赠，募捐1087367.02元；淘宝公益网店1个项目，478人次捐赠，募捐15459元；美团公益1个项目，6人次捐赠，募捐40.02元。另外，腾讯公益慈善基金会捐赠重庆市慈善总会948万元。

在抗疫互联网募捐中，重庆市慈善总会居全国省级慈善组织第2位，湖北省慈善总会居第1位。截至2020年3月2日的不完全统计，全国204家公募组织（基金会127家、慈善会73家、协会4家）在20个民政部指定的平台上线449个项目，重庆市慈善总会约占4.2%；募款1568626919.96元（其中基金会募集5.8亿，慈善会募集9.3亿），重庆市慈善总会约占5.3%；有29932705人次捐赠，重庆市慈善总会约占9.7%。截至2020年3月31日，在腾讯公益平台发起抗疫项目5个，120万人次捐赠，募捐5163万元，重庆市慈善总会分别占该平台的3%、10%、8.4%；在支付宝公益平台上，发起抗疫项目3个，募捐1833万元，重庆市慈善总会分别占该平台的9%、8%；在百度公益平台上，发起抗疫项目4个，14万人次捐赠，募捐714万元，重庆市慈善总会分别占该平台的20%、54.8%、54.9%；在微博公益平台上，发起抗疫项目1个，3万人次捐赠，募捐54.5万元，重庆市慈善总会分别占该平台的2%、1.5%、1%。支付宝、百度和微博平台是重庆市慈善总会在抗疫中探索的新平台，成绩不错，开拓新平台的前景无限广阔。

2020年1月1日至3月31日，重庆市慈善总会募捐款物27958.48万元，其中互联网募捐8312万元，占募捐款物总量的29%。2020年1月1日至3月31日，重庆市慈善总会互联网募捐中抗疫互联网募捐占28%；其中非抗疫互联网募捐366万元，比上年同期增长286%，捐赠人次98万，是上年的80多倍。

关于这次抗疫互联网募捐的成功实践，重庆市慈善总会有四点深刻体会：一是关键时刻反应快。在重庆市民政局指导帮助下，2020年1月23日启动预案，30多个小时就募捐3300万元，其中，腾讯公益募捐2500万元、支付宝公益募捐833万元。二是发挥区县慈善会的作用。对区县慈善会实行“谁募捐、委托谁实施”的方式，有30多个区县慈善会参加，动员大批街道、乡镇、村居、企事业单位、社会组织参加。巫山县慈善会互联网募捐近300万元，动员39798人次捐赠。三是及时回应舆情。在抗疫互联网募捐中，腾讯公益、支付宝公益平台和数百万网友时时刻刻对重庆市慈善总会的项目进行监督，重庆市慈善总会的“小专家”们有的连续几十个小时不合眼，时刻关注回复平台和网友们提出的意见，妥善处理了执行能力、实施进度、购买医疗物资等舆情热点，避免了舆情失控，得到平台和网友们的认可。四是关键在平时基础工作。关键时刻冲得上，功夫在平时。近年来，重庆市慈善总会会长刘光磊高度重视互联网募捐，站得高、看得远，把关定向、强力推进；重庆市慈善总会领导班子思想统一、认识精准，全力支持、分工负责，经常部署、定期检查，提供了坚强的领导支撑；得到重庆市民政局的精心指导和大力支持帮助；做了大量艰苦细致的基础工作，培养了一支作风过硬、业务精湛的“小专家”队伍；与腾讯、支付宝等平台建立了良好的合作关系。以上四点体会弥足珍贵，为重庆市慈善总会互联网募捐的可持续发展提供了宝贵经验。

经过抗疫互联网募捐的成功实践，重庆市慈善总会有四个方面思考：一是要以法律法规的形式明确新时代中国特色社会主义互联网募捐在国家治理体系和治理能力现代化中的地位和作用。二是需进一步提高全社会对互联网募捐的认识，动员更多的人参与。三是各级财政要扶持互联网募捐枢纽型平台性的公募组织。四是急需培训大批既懂互联网又懂慈善的专业人才。

这次抗疫互联网募捐的成功实践证明：“两个轮子一起转、两只翅膀一齐飞”的战略决策、“1+4”的机制符合互联网募捐大势，符合重庆慈善实际，切实可行，应当继续坚持、大力发展完善。

三、实施“两个轮子一起转、两只翅膀一齐飞”战略，必须坚持“四大原则”

（一）更多平台

开辟更多互联网募捐平台是重中之重。近期，重庆市慈善总会要达到10个平台左右，每个平台要有一名“小专家”牵头专管、精心深入研究、吃透规则，不断拓展每个平台的募捐功能。要确定一批区县慈善会试点，试点区县慈善会达到3个以上的平台，力争三年左右在区县慈善会层级实现国家民政部批准的互联网募捐公募平台20家的全覆盖、走在全国慈善组织的前列。

（二）更多项目

平台多还要项目多。每个平台同时要有3个以上项目在线；试点区县的每个平台同时要有5个以上项目在线。重庆市慈善总会“天天捐”“3天捐”项目要逐步达到每年上千个。要有综合性大项目也要有专题性小项目，“3天捐”以综合性大项目为主，“天天捐”以20万元左右的专题性小项目为主。项目多更要项目好，互联网募捐的最大魅力是项目吸引人，既要有短期项目也要有长期项目。项目策划、包装、推介是重庆市慈善总会短板中的短板。要不断提高项目质量，紧紧围绕扶危济困，在项目的策划上下苦功夫、硬功夫。

（三）更多单位和组织

目前，参加互联网募捐的单位和组织太少。有些区县慈善会无人办事、无钱办事、不懂如何办事，有近四分之一的区县慈善会没有参加；一些设有大病医疗救助基金的区县慈善会没有参加。个别区县慈善会领导对互联网募捐存在认识上的偏差以及思想抵触，多一事不如少一事，不作为，造成工作缺位、差距巨大。这次抗疫互联网募捐，有好几个区县慈善会没有参加。因此，要动员全部区县慈善会参加互联网募捐。“3天捐”“天天捐”并举的区县慈善会要从试点逐步扩大到全覆盖。区县慈善会要发动街道、乡镇、村居、企事业单位和社会组织参加。要争取中共重庆市委宣传部、重庆市精神文明建设办公室、重庆市志愿服务联合会支持，发动数百个社会组织、志愿服务组织参加。

（四）更多“小专家”

一支懂行、年轻、作风过硬的“小专家”队伍是保障。近年来，重庆市慈善总会大力培训总会、各区县、各级社会组织的“小专家”，放手发挥他们的聪明才智，边学边干，边干边提高，再层层培训带动一大批“小专家”。这些“小专家”好比种子，在各级各单位生根、开花、结果。重庆市慈善总会的张龙波、何魏宏、秦飞等15位“小专家”，经常到各区县、各社会组织讲课，进行传帮带；还多次被邀请到中华慈善总会、辽宁大连、山东济宁等慈善组织讲课，成为业内小有名气的互联网募捐“小专家”。重庆市慈善总会的“小专家”队伍要不断扩大，吸纳慈善志愿者参加“小专家”队伍。重庆市慈善总会志愿者总队要大力发展互联网募捐，培养一批“小专家”，培养一批互联网募捐的志愿者大队。每个区县慈善会至少要有一名专兼职“小专家”。全市的“小专家”队伍要达到数百人以上。大力加强“小专家”培训，培养一批策划项目的专门人才。

四、实施“两个轮子一起转、两只翅膀一齐飞”战略，必须坚持“十二个相结合”

（一）单平台与多平台相结合

单平台，即腾讯公益平台要继续大力发展，特别要发展腾讯“天天捐”项目。同时，支付宝等多平台要尽快开发应用。要在永川、石柱、铜梁、巫山等基础好的区县慈善会开展多平台试点，取得经验在面上推广。

（二）“3天捐”与“天天捐”相结合

“3天捐”，即腾讯“99公益日”要继续大力发展。2020年，预测腾讯“99公益日”是“大年”，腾讯公益慈善基金会将有更多的优惠政策出台，要早作准备。2020年，腾讯“99公益日”募捐重庆市慈善总会要确保完成6000万元以上、力争再有新突破。同时，“天天捐”的短板要补上。2020年互联网募捐要努力实现“3天捐”与“天天捐”“两个轮子一起转”的新突破、大突破，并为今后三五年的可持续发展奠定基础。

（三）自己干与搭平台相结合

首先要自己干起来，不懂不会不要怕，边干边学、边学边干，逐步提高。但单靠自己干远远不行，势单力薄、孤家寡人，要打总体战、人民战争。要形成“1+40X+N”的互联网募捐格局。“1”，是重庆市慈善总会，要充分发挥枢纽型平台性公募慈善组织的平台作用；“40X”，是40个区县慈善会要带动一大批街道、乡镇、村居、企事业单位和社会组织参加；“N”，是重庆市慈善总会要带动一大批社会组织、企事业单位参加。2020年，腾讯“99公益日”要力争有35个以上区县、150个以上社会组织参加；策划250个以上项目，其中，与重庆市志愿服务联合会合作的项目150个以上。

（四）聚财与让利相结合

财聚人散、财散人聚，肥水要流外人田。聚财是必须的，不然区县慈善会、骨干社会组织没有工资、工作经费，机构无法运转。但是，让利也是必须的，特别是那些已解决“温饱”的区县慈善会、骨干社会组织。“舍得舍得，有舍有得”。作为平台性的区县慈善会、骨干社会组织要给街道、乡镇、村居、企事业单位、小微社会组织让利，调动他们的积极性，组织起浩浩荡荡的大军。

（五）小众与大众相结合

圆外的面积永远大于圆内面积。目前，参加互联网募捐的是少数人，是小众，不到总人口的5%，潜力还大得很。重庆市慈善总会志愿者总队有80多个大队，但参加抗疫互联网募捐的是少数大队。全社会绝大多数人不知道、不了解、不会用互联网募捐。相当多的人愿意参加互联网募捐，但不知道怎样才能参加。在抗疫中，重庆市慈善总会志愿者总队副总队长彭德林，60多岁的退休女干部，用两天时间学会了互联网募捐的“一起捐”，动员几百人参加，募捐上万元。她很有成就感、参与感。在数万慈善志愿者中，像彭德林这样有意参加互联网募捐的志愿者，何止成千上万。因此，要大力宣传发动，把工作做深做细做实，让互联网募捐由小众逐步向大众扩展。

（六）线上与线下相结合

线上线下不可偏废。腾讯“99公益日”越来越重视线下场景和线下二维码捐赠，在线下的投入越来越大。支付宝的“消费捐”等项目靠的是线下的功夫。而线下操作是重庆慈善互联网募捐的短板，还没有破题，我们基本没有进企业、进门店、进社区。必须大力加强线下工作，线上线下相结合、相促进、双丰收。

（七）粗放与精细相结合

互联网募捐不仅要动手指更要动脑子。不少区县慈善会、社会组织互联网募捐的组织管理、技术操作很粗放。在腾讯“99公益日”期间，有的提前捐，有的事后捐；有的预设筹募目标过低，第一天就筹满目标。与做得好的永川区、开州区慈善会，夕阳红志愿者大队等比较，做得粗放的比做得精细的实际效果要差三分之一以上，损失很大。在刚开始做互联网募捐时粗放是难免的、是可以理解的，但不能长期如此。因此，要在精细上下功夫，从项目策划到项目实施都要精细化。

（八）兼职与专职相结合

随着5G、区块链、Wi-Fi 6等互联网技术的应用，互联网募捐进入了新的境界，腾讯、支付宝等公益平台不断升级实际操作程序及募捐策略，准入门槛和技术难度不断提高，因此必须迅速培养大批专业人才。有不少区县慈善会、社会组织培养了兼职的“小专家”，但随着事业的迅速发展，这远远不够，要迅速配备培养专职的、既懂互联网又懂慈善、既懂线上又懂线下的“小专家”队伍，潜心实践、长期研究，适应迅速发展变化的技术进步。

（九）“筹钱”与“用钱”相结合

项目实施比项目筹款更难。这次抗疫互联网募捐成效显著的原因之一是：重庆市慈善总会发挥枢纽型平台性公募组织作用，发起项目；各区县慈善会、社会组织发挥身处第一线优势，受委托实施项目；形成项目发起—项目实施—新项目发起—新项目实施的良性循环。因此，要“筹钱”与“用钱”相结合，项目发起与项目实施相结合，更加重视项目实施，不断提高实施水平。南川区慈善会设立互联网募捐专账、永川区慈善会年年推出新项目、石柱县慈善会统筹项目资金使用等经验，探索创造了“用钱”的好方法，值得总结完善、全面推广。

（十）筹款物与铸文化相结合

宣传普及慈善文化是互联网募捐的重要任务之一，必须筹款物与铸文化相结合。重庆市慈善总会互联网募捐连年取得新突破，原因之一是不断解放思想、更新观念；不断培训、反复培训；不断开展课题研究、学习借鉴和总结提高，研究新情况、解决新问题，努力实现筹款物与铸文化相结合。

要研究制订重庆市慈善总会互联网募捐中长期规划，每年申报互联网募捐研究省部级课题并出版专著。

按中国慈善联合会要求筹备建立重庆“互联网+慈善”发展研究基地。通过深入开展全国“互联网+慈善”发展政策理论和城市“互联网+慈善”发展的规律性、创新性和前瞻性研究，为全国“互联网+慈善”发展提供理论支撑、政策参考和实践指导，为国内“互联网+慈善”发展提供经验。组织国内外专家学者开展“互联网+慈善”发展的实务与理论研究相结合的实践探索。搭建“互联网+慈善”发展学术研究的常态交流平台，建立“互联网+慈善”发展的政府、慈善家、慈善组织、人民群众的互动机制，形成理论研究体系。促进“互联网+慈善”发展的工作交流、联合行动、推动资源对接与共享互补。建立“互联网+慈善”研究与实践的融合机制、对接平台，开展“互联网+慈善”项目事前论证咨询、事中监测监督、事后第三方评估等在内的服务，形成具有“互联网+慈善”专业水准的智库品牌和特色服务产品。开展区块链、5G、Wi-Fi 6等技术在“互联网+慈善”发展中的应用研究，开展“互联网+慈善”发展的法律法规政策和专利、标准研究，培训人才，组建覆盖技术、实务、法律、媒体的人才专家库，为各地“互联网+慈善”发展提供学术指导与政策咨询。

加大互联网募捐的宣传推介力度，提高项目策划、文案撰写、图片制作的技巧。在《巴渝慈善文学丛书》编撰、慈善诗歌朗诵会举办中突出互联网募捐的文化内容。

（十一）创新与守法相结合

互联网募捐本身就是探索创新，大力发展互联网募捐更需要持之以恒探索创新。创新必须守法，创新与守法不矛盾。“孙悟空不能跳出如来佛的手心”、“不能越雷池一步”。互联网募捐是易碎品，一旦摔碎，水覆难收、悔之不及！互联网募捐必须严格遵守法律法规、遵守公益平台规定，遵守社会公德；要经得起社会公众、历史和天地良心的检验。

（十二）依靠党委政府和依靠公益平台相结合

首先是依靠党委政府，努力争取市级各部门，各区县党委政府的领导支持，多请示汇报，有为有位、有位有为。领导重视支持是关键。近年来，重庆市委、市政府主要领导关于重庆慈善事业发展要创新募捐方式的重要批示，为探索创新互联网募捐指明了方向。重庆市委关于大数据智能化引领的创新驱动发展战略行动计划，明确了推进互联网募捐的路径。重庆市民政局加强领导，支持帮助；唐步新局长亲自出席重庆市慈善总会2018年“99公益日”总结表彰会并作重要讲话；推动一批市级社会组织与重庆市慈善总会合作；重庆市民政局社会组织管理局等部门，加班加点审核项目。重庆市委宣传部、市文明办、市委网信办、团市委等部门大力支持，发动志愿者、组织72个项目上线参加。重庆市委直属机关工委支持上线“共产党员一元捐”项目，反响热烈、影响深远。重庆市社科联批准“‘互联网+慈善’的运作机制与实施策略”“‘互联网+慈善’在重庆的实践与探索”等省部级课题研究，已结题。《“互联网+慈善”在重庆的实践与探索》一书已在重庆出版社出版公开发行。重庆邮电大学、华龙网与重庆市慈善总会、重庆市慈善捐赠服务中心联办“互联网+慈善”论坛，已连续4年，举办23讲。重庆市作家协会与重庆市慈善总会联合编纂出版《巴渝慈善文学丛书》、创办两届重庆（中国）慈善诗歌朗诵会，支持弘扬包括“互联网+慈善”文化在内的慈善文化。各级领导的重视支持给予重庆慈善互联网募捐工作极大的鼓舞和鞭策。

其次是依靠腾讯、支付宝等公益平台的指导支持。公益平台的指导支持是重要推动力。在2019年“99公益日”前夕，腾讯公益慈善基金会副秘书长孙懿亲自率队到重庆市慈善总会督导，出主意、想办法、鼓士气，提供实质性的支持帮助。腾讯公益慈善基金会产品经理梁栋、程曦、李晨等多次到重庆市慈善总会讲课、调研指导；在“99公益日”前期准备中出谋划策；在“99公益日”中及时指导。腾讯公益慈善基金会安排重庆市慈善总会参加在清华大学、深圳腾讯总部的多次培训，多次听取对2019年“99公益日”规则制定的意见；对重庆推出的慈善项目积极配合宣传，免费投放了1.2万个宣传位推介项目；派出摄制组，专程赴重庆采访报道，营造了浓郁的慈善氛围。特别是在这次抗疫中，腾讯、支付宝公益平台对重庆慈善抗疫项目精心指导、热情帮助、第一时间上线、最佳流量推送，助力取得显著成绩。因此，要继续努力争取腾讯、支付宝等公益平台的指导支持。

五、实施“两个轮子一起转、两只翅膀一齐飞”战略的主要优惠政策

（一）坚持对区县慈善会和社会组织参加腾讯“99公益日”活动的优惠政策

一是要求设立大病医疗救助基金的区县慈善会必须参加腾讯“99公益日”活动，让更多困难群众受益。二是继续不收取合作单位（项目）工作经费。三是继续对腾讯公益慈善基金会给合作单位的配捐不提取管理费用。四是坚持对区县慈善会的配套办法。五是继续对长期合作的社会组织配捐；对其他社会组织按募捐总额的一定比例配捐。六是继续对重庆市志愿服务联合会动员参加上线项目，给予一定的激励金。七是支持设立“社区阳光基金”的社区参加腾讯“99公益日”。这七大政策，将支持各参加单位近千万元，将形成强大的政策推动力。

（二）研究制定鼓励“天天捐”、多平台捐的优惠政策

一是参照腾讯“99公益日”的政策，研究制定鼓励区县

慈善会参加“天天捐”、多平台捐的政策。二是研究制定鼓励社会组织参加“天天捐”、多平台捐的政策。

新时代中国特色社会主义互联网募捐在国家治理体系和治理能力现代化中，具有重要的地位和作用，其创新发展的前景无可限量。2008年汶川地震，互联网募捐走上历史舞台，人们称之为“互联网慈善元年”。2020年，在抗疫人民战争、总体战、阻击战中，互联网募捐反应快、效果好、管理到位，获得全社会肯定，应该称之为“互联网慈善新纪元”。疫情无情网络有情。这次抗疫的过程是一次全民互联网知识和应用的大普及、大宣传、大使用的过程，互联网捐赠、网络传播监督、网络课堂和网购空前活跃。重庆市慈善总会一定会紧紧抓住机遇，按照习总书记要求，放眼长远，总结经验教训，加快补齐短板和弱项，迎难而上、再接再厉，“两个轮子一起转、两只翅膀一齐飞”，促进互联网募捐达到新境界、迈上新台阶。

附 录*

* 附录由重庆市慈善总会副会长况由志，重庆市慈善总会常务副秘书长、重庆市慈善捐赠服务中心主任杨艳梅，重庆市慈善总会副秘书长、筹募二部部长张龙波，重庆市慈善总会志愿者总队总队长翁顺春，重庆市慈善总会筹募一部副部长何魏宏，重庆市慈善总会筹募二部副部长陆安培整理完成。

重庆“互联网+慈善”大事记

近年，在重庆市委、市政府高度重视，重庆市民政局领导下，重庆“互联网+慈善”工作取得突出成绩、走在全国前列，各区县党委政府，慈善会、慈善志愿者大队，有关社会组织、志愿者组织、企事业单位作出了很大贡献。根据2019年12月6日重庆市慈善总会、重庆市慈善捐赠服务中心慈善工作研讨会关于“一边打造品牌项目，一边进行慈善研究”的精神，按照重庆“互联网+慈善”发展研究基地工作规划，为详细记载重庆“互联网+慈善”的探索发展成果，加强“互联网+慈善”理论研究，指导重庆“互联网+慈善”工作持续健康发展，重庆市慈善总会、重庆市慈善捐赠服务中心、重庆“互联网+慈善”发展研究基地决定编辑《重庆“互联网+慈善”大事记》。

《重庆“互联网+慈善”大事记》收集2015年5月1日到2020年7月23日，重庆市党委、政府、企事业单位、慈善组织、志愿者组织、社会组织关于“互联网+慈善”工作的大事记录。

编辑《重庆“互联网+慈善”大事记》是一个创新，在全国鲜见，在省级慈善组织还未见到。由于是探索创新，难免错漏、遗缺。我们将在后续版本的编辑中改进、补充、完善。

一、重庆"互联网+慈善"大事记

2020年7月23日　重庆市慈善总会参加人民网、中国慈善联合会"战疫新思路·公益新作为"线上研讨座谈会，重庆市慈善总会副会长况由志、艾永玲和有关同志参会，况由志作题为"疫情防控常态化下慈善组织的创新和作为：大力发展慈善数字化"的发言。

2020年7月18日　7月1—18日，重庆市慈善总会会领导分别到区县调研慈善工作及"99公益日"筹备工作。重庆市慈善总会常务副会长陈焕奎，副会长艾扬、况由志、艾永玲，秘书长杨艳梅，分别率调研组到重庆市万州、涪陵、奉节、巫溪、秀山、酉阳、黔江、丰都、渝北等10余个区县，调研慈善工作及"99公益日"筹备工作开展情况。各部室负责人及相关工作人员、个别爱心企业随同调研。

各调研组分别召开调研座谈会，听取了各区县慈善会关于慈善工作开展情况及"99公益日"活动筹备情况的汇报，并就大病医疗救助基金、社区阳光基金、渝东南少数民族地区脱贫攻坚综合助推项目等重点项目的运行实施进行了交流讨论。

2020年7月15日　2020年互联网公益峰会——公益行业平行会议重庆分会——在重庆市慈善总会圆满召开。本次会议，腾讯公益慈善基金会、重庆市慈善总会联合邀请专家、慈善行业优秀组织代表共同围绕"后疫情时代，公益机构发展面临的机遇和挑战""公益机构如何开展数字化工作?""如何做好99公益日的筹款和传播?"三大主题展开讨论。重庆市慈善总会常务副会长陈焕奎，重庆市慈善总会副会长况由志，重庆市慈善总会秘书长杨艳梅，河南省慈善总会副会长董颖生，陕西省慈善协会副会长赵浩义，中华少年儿童慈善救助基金会副秘书长姜莹，四川省红十字基金会秘书长荣道清，重庆市委党校教授谢菊，重庆市理工大学副教授周玲，重庆市渝北区慈善会会长吕良，重庆市石柱县慈善会常务副会长彭广文，重庆市綦江区慈善会秘书长李益莉出席会议并作演讲，市区县有关部门人员，爱心企事业单位和社会组织代表、志愿者代表及部分新闻媒体记者共数百人收听收看。重庆市慈善总会常务副会长陈焕奎致辞，副会长艾永玲主持会议。

2020年6月5日，重庆市慈善总会召开腾讯“99公益日”启动会暨新冠肺炎疫情防控慈善志愿服务表彰会（“互联网+慈善”论坛第二十五讲)，会议对2020年“99公益日”活动进行了全面部署，并对在新冠肺炎疫情防控工作中作出积极贡献的先进慈善志愿者组织和优秀慈善志愿者进行了表彰。重庆市委宣传部文明调研处负责人范家龙，重庆市民政局慈善事业处处长邓明国，重庆市慈善总会常务副会长陈焕奎，副会长艾扬、况由志、艾永玲，重庆市慈善总会秘书长、重庆市慈善捐赠服务中心主任杨艳梅出席会议，各区县（自治县）慈善会、两江新区慈善会、万盛经开区慈善会，各志愿者大队、部分社会组织负责人及有关工作人员，共计260余人参加会议。重庆市慈善总会常务副会长陈焕奎讲话、副会长艾永玲主持会议。

2020年5月30日　从1月24日至5月30日，重庆市慈善总会在腾讯公益、支付宝公益、百度公益、微公益、公益宝、淘宝公益、美团公益等7个互联网募捐平台上，共发布19个项目，吸引194万爱心网友捐赠，共接受来自互联网及其基金会的抗疫捐赠8994万元。抗疫互联网募捐中，重庆市慈善总会的募捐额居全国省级慈善组织第2位。所募集的善款全部划拨至湖北省疫情防控指挥部、武汉市疫情防控指挥部、重庆市有关区县和单位用于疫情防控工作。

2020年5月26日　《重庆市慈善总会互联网募捐“十四五”规划》发布，提出互联网募捐规划目标，2025年达2.5亿元，其中腾讯“99公益日”1.5亿元、支付宝公益7000万元。

2020年5月13日　重庆市慈善总会重庆市慈善捐赠服务中心发出组织参加2020年“99公益日”活动的通知，动员、安排和部署全市慈善行业2020年“99公益日”活动。

2020年4月29日　重庆市民政局印发《重庆市“互联网+民政服务”实施方案》，提出到2020年，基本建成覆盖全市“互联网+民政服务”云平台；将“互联网+慈善募捐”纳入全市“互联网+民政服务”云平台建设内容，建设慈善募捐应用平台，探索区块链技术在公益捐赠等方面的运用等。

2020年4月13日　重庆市慈善总会提出“两个轮子一起转”互联网募捐发展战略，实行“1+4”机制。改变以前互联网募捐基本上是腾讯“99公益日”一个轮子转的格局，在大力运用腾讯公益平台的同时，大力运用国家民政部批准的支付宝等平台，加快创新发展，把更多的人力物力财力用于互联网募捐。

2020年3月31日　1月1—31日，重庆市慈善总会募捐款物27958.48万元，其中互联网募捐8312万元，占募捐款物总量的29%。重庆市慈善总会互联网募捐中抗疫互联网募捐占28%；其中非抗疫互联网募捐366万元，比上年同期增长286%，捐赠人次98万，是上年的80多倍。

2020年3月27日　重庆市慈善总会召开了互联网募捐推进会，会上就第一季度互联网募捐情况进行了说明，并对今年腾讯“99公益日”、支付宝平台“六一”等大型互联网募捐活动的筹款工作进行了梳理和分析，对推进相关工作提出了要求。

2020年1月23日　重庆市慈善总会迅速组成互联网募捐抗疫战队，发起“驰援抗击肺炎疫情”网络募捐项目。1月24日（大年三十）项目在慈善中国网备案，通过重庆市民政局审核后备案成功，于当天下午在腾讯公益平台成功上线并开展网上募捐。互联网募捐抗疫战队昼夜坚守工作岗位，时刻关注募捐动向和舆情监管；截至1月26日，项目共募集25016938.28元。

2020年1月20日　重庆市慈善总会开始准备抗击新冠肺炎疫情防控互联网募捐，密切关注国家级基金会开展抗击新冠肺炎疫情防控互联网募捐的情况，与腾讯公益慈善基金会保持密切沟通，着手有关准备工作。

2020年1月10日　重庆市慈善总会、重庆市慈善捐赠服务中心在永川区慈善总会组织召开2020年“99公益日”活动启动片区会议，就如何实施好2019年“99公益日”活动项目作了详细的安排布置，同时对如何开展好2020年“99公益日”活动提出了市慈善总会的总体思路。永川区、綦江区、南川区、巫山县、石柱县、潼南区慈善会参会。

2020年1月8日　重庆市慈善总会、重庆市捐赠服务中心在铜梁区召开部分区慈善会2020年“99公益日”工作培训会，北碚、巴南、綦江、江津、合川、南川、大足、潼南、铜梁、荣昌等10个区慈善会领导及相关人员参加会议。

2019年12月31日　重庆市社会科学界联合会指导、重庆市公益事业发展研究会主办的重庆市社科界第六届学术年活动资助项目“互联网+公益·助力创新三治一体社会治理模式”研讨会在重庆华商国际会议中心举行。

2019年12月20日　重庆市慈善总会召开第四届理事会第七次会议。刘光磊会长指出：2019年六项工作扎实推进，网络募捐成效喜人；2020年要在创新募捐方式、巩固和打造慈善品牌项目、互联网募捐、慈善宣传、自身建设五个方面实现新作为。

2019年12月13日　重庆市慈善总会、重庆市慈善捐赠服务中心在永川区慈善总会组织召开了2020年“99公益日”活动启动片区会议。重庆市慈善总会副会长况由志，副会长兼秘书长艾永玲，市慈善捐赠服务中心主任、市慈善总会副秘书长兼筹募二部部长杨艳梅，永川区、綦江区、南川区、巫山县、石柱县、潼南区慈善会负责人参加会议。市慈善总会有关负责人就如何实施好2019年“99公益日”活动项目作了详细的安排布置；参会区县慈善会就2019年“99公益日”项目实施过程中的疑难问题进行充分的讨论，对做好2020年“99公益日”活动交流了各自的计划。

2019年12月12日　重庆市慈善总会第四届监事会第六次

会议在市慈善总会举行。监事会指出：市慈善总会强化政治引领，积极服务大局，不断拓展募捐渠道，着力打造了一批有影响力的慈善品牌项目，互联网募捐取得突出成绩，内部治理进一步完善，各项工作成效显著。

2019年12月10日　有关区县党政领导对“99公益日”活动作出指示：

潼南区，区委书记曾菁华：“成效不错”。副区长陈建华：“2019年慈善会一班人做了大量实在的工作，取得了优异成绩，获得了荣誉，可喜可贺！”

云阳县，县委书记张学锋：对云阳县慈善会会长宋国权报告2019年“99公益日”的活动取得的成绩，给予了充分肯定和赞赏，并要求再接再厉，再创佳绩。

城口县，常务副县长陈光辉：县慈善会2019年的工作可圈可点，在济困解难、支医助学、助力脱贫等方面取得的显著的成效，得到社会各界认可。

巫溪县，县委书记唐德祥：“不错，值得肯定！再接再厉，继续做好！”

2019年12月5日　在秀山县民政局指导下，县慈善会在亚西酒店多功能会议室召开2019年“99公益日”活动总结表彰会。会议总结了“99公益日”活动期间慈善捐款的情况，并为活动中涌现出的6个先进单位和13名先进个人颁发了荣誉证书。

2019年11月23日　2019重庆第三届网络公益文化节启动，“善的力量”网络公益文化节自2017年开展，本次文化节将聚焦来自平凡岗位的基层劳动者，发现、展示他们日常生活中令人感动的事迹，营造城市向上向善的人文环境。

2019年11月1日　重庆市慈善总会举行2019年“99公益日”活动总结表彰会暨“互联网+慈善”论坛（第二十四讲）。大会对在2019年“99公益日”活动中取得突出成绩的永川区慈善总会等50个集体和唐元华等200名个人予以通报表彰，并颁发荣誉证书。重庆市委原常委、重庆市政协原副主席，重庆市慈善总会会长刘光磊，市民政局党组成员、一级巡视员、社会组织综合党委书记关惜分，中国慈善联合会副秘书长张晓青，腾讯公益慈善基金会副秘书长孙懿出席活动并讲话，市级有关部门和单位负责人，区县慈善会、社会组织负责人，新闻媒体代表等200多人参加会议。市慈善总会常务副会长陈焕奎主持会议。

2019年10月31日　重庆市慈善总会在重庆世纪金源大饭店举办2020年“99公益日”启动培训会暨“互联网+慈善”论坛（第二十三讲）。永川区、南川区、石柱县、巫山县慈善会负责人交流了慈善会相关工作经验，就“99公益日”存在问题和疑惑进行了交流研讨。

2019年10月21日上午　第六届世界互联网大会“互联网公益慈善论坛”在浙江乌镇举办，本次论坛是世界互联网大会首次举办“互联网公益慈善论坛”，由民政部主办，中国互联网发展基金会、中国社会报社、中国慈善联合会联合协办，来自中外政府部门、国际组织、社会组织、企业、智库的百余位嘉宾参加了论坛。重庆有关单位参加。

2019年10月16日　为更好地总结活动经验，弘扬慈善精神，表彰先进集体、先进个人和爱心企业，重庆市九龙坡区慈善会在重庆举办了2019年度“99公益日”活动总结表彰会。

2019年9月13日　2019重庆市考招警申论热点：互联网慈善。

2019年9月12日　垫江县慈善会“99公益日”活动成果丰硕，截至10日，垫江县的“为贫困大学新生续航”项目捐赠共收到捐款129万元，获得配捐22万元，筹款总额达到151万元，为助力全县教育脱贫提供资金支持。

2019年9月12日　云阳县“99公益日”活动取得辉煌效果，共收到“为失能老人添福加寿”项目捐款6178553.45元，其中：直接捐赠4788148.20元，获得腾讯公益的项目配捐1092905.25元，获得对公益组织的非限定配捐297500元。

2019年9月11日　潼南2019年10万余人参与为爱发声“99公益日”网上募捐活动，为全区“携手慈善，大爱无疆”，“心手相连，情暖潼南”两个爱心项目募集善款843.28万元，获得腾讯配捐225.89万元。

2019年9月11日　铜梁区“99公益日”活动圆满结束，铜梁区的“用爱心点亮希望之光”项目共收到捐款678万元，获得配捐156万元，筹款总额达到834万元。

2019年9月11日　綦江区“99公益日”网络募捐突破一千万大关，公众筹款、腾讯配捐和企业配捐合计筹款1049.27万元，捐款人次超35.34万人次。

2019年9月10日　永川区为期三天的“99公益日”募捐活动8个项目筹款总额为1538.51万元，募捐额居全市第一，是2018年募捐总额的2.5倍。参与捐款人数达23.41万人次。

2019年9月10日　城口县慈善会首次参加“99公益日”

活动，上线的“情系老区，扶贫城口”助学助医项目，获得社会各界爱心人士共捐赠220万元，获得腾讯基金会配捐684388.26元。

2019年9月10日　大足区慈善会首次开展腾讯“99公益日”网络募捐活动，共获得5万余名公众捐款，募捐资金达105万元。

2019年9月9日　2019年“99公益日”7、8、9日3天内，重庆市慈善总会募得善款1.31亿元，其中腾讯配捐2700余万元，募捐额居全国第2位、省级慈善会第1位，比2018年网络募捐总额净增1亿元。本次活动，市慈善总会联动31个区县慈善会、108个社会组织推出了包括助推脱贫攻坚、乡村振兴、助老、助学、助医、助困在内的192个项目参与“99公益日”，共有372万人次参与爱心捐赠。

2019年9月7日　渝中区慈善会举行“99公益日”——贫困恶性肿瘤患者公益募捐启动仪式，9月7日活动当天，共收到1500余名爱心人士线上捐款，筹集金额达10万元，并得到了腾讯公益配捐支持。

2019年9月6日　重庆社会救助基金会困难群众急难众筹平台正式上线，运营8个月来，共为77名困难群众实施众筹。目前，已接受6万多人次爱心捐赠，筹款总额突破200万元，单个最高筹款50万元。

2019年9月4日　大足区慈善会召开2019年腾讯“99公益日”网络募捐筹备会暨操作培训会，会议在民政局六楼会议室举行。

2019年9月3日　万州区2019年腾讯“99公益日”募捐动

员暨培训会在区委中型会议室召开。区政府副区长蒋艺义出席会议并讲话，各乡镇街道、区级机关事业单位及部分社会组织、志愿者共计170余人参加了会议。

2019年8月30日　永川区民政局、永川区精神文明办公室、永川区慈善总会联合开展2019年“中华慈善日”和“99公益日”活动动员大会。重庆市慈善总会副会长况由志，永川区人大常务副主任王建华，永川区政协常务副主席张健，永川区委宣传部副部长刘章智，永川区民政局党委委员、副局长赖维萍等领导出席活动。

2019年8月28日　云阳县召开2019年“99公益日”网上募捐动员培训会，县人民政府副县长刘桂虎出席会议，并在会上对所有参会单位作了动员部署，各乡镇（街道）、县委各部委、县级国家机关各部门、各人民团体及市属驻云机构、各企事业单位分管领导和实操人员共440余人参加了培训会。

2019年8月22日　重庆市慈善总会互联网办公室赴璧山区慈善会举行“99公益日”活动动员暨培训会。

2019年8月20日　重庆市慈善总会互联网办公室赴垫江开展培训会，垫江慈善会、梁平慈善会以及周边街道相关负责人都聚集在一起学习“线下一起捐”的相关操作方法。

2019年8月16日　铜梁区慈善会举行“99公益日”活动操作培训会，区级机关、单位，各镇街，各企事业单位，市属在铜机构、金融机构，慈善会理事单位等100余个单位派出具体操作人员参加了会议，共计145人参加了培训会。

2019年8月13日　云阳县2019年“99公益日”网上募捐活动领导小组成员会议在县政府会议室召开，县委副书记丁笙洺，县人大常委会副主任陈先平，县政协副主席熊玉梅及相关成员单位负责人出席了会议，会议由县委副书记丁笙洺主持。

2019年7月26日　重庆市慈善总会、市慈善捐赠服务中心联合举办“互联网+慈善”论坛（第二十二讲），重庆市慈善总会副会长况由志围绕“创新、品牌、新常态”作主题报告，部分区县慈善会负责人分享了筹款、筹人经验及2019年“99公益日”活动准备情况。重庆市慈善总会副会长兼秘书长艾永玲，重庆市慈善总会副秘书长兼筹募二部部长、重庆市慈善捐赠服务中心主任杨艳梅，各区县慈善会负责人、爱心企业、社会组织代表、志愿者代表等近200人参加会议。

2019年7月11日　重庆市慈善总会、腾讯公益慈善基金会举行合作交流会。双方围绕如何做大重庆互联网募捐蛋糕和即将开展的“99公益日”活动等内容进行了交流。腾讯公益慈善基金会副秘书长孙懿，腾讯公益慈善基金会中国西区负责人李晨，市慈善总会常务副会长陈焕奎，副会长艾扬、况由志，副会长兼秘书长艾永玲，副秘书长兼筹募二部部长、市慈善捐赠服务中心主任杨艳梅，总会全体工作人员参加了交流会。

2019年7月8日　重庆市慈善总会在世纪金源大饭店举行“互联网+慈善”论坛（第二十一讲）暨“99公益日”促进会，围绕刚刚出台的2019年腾讯“99公益日”规则，对照新规则、谋划新思路，开展学习讨论，为下一步有效开展“99公益日”互联网募捐活动夯实根基。重庆市慈善总会副会长况由志，副会长兼秘书长艾永玲，市慈善总会副秘书长兼筹募二部部长、市慈善捐赠服务中心主任杨艳梅，有关区县慈善会、志愿者大队负责人等近百人参加会议。

2019年6月6日 铜梁区慈善会积极筹备“99公益日”活动，区慈善会对协调小组成员单位采取走出去、请进来的方式，逐一进行协调，拍摄“99公益日”活动宣传片进行广泛宣传。

2019年5月22日 铜梁区慈善会举行第四届理事会第三次会议，会议研究部署了2019年开展“99公益日”活动相关事宜，会议由常务副会长颜显才主持。

2019年5月20日 重庆市慈善总会、重庆市慈善捐赠服务中心联合举办“互联网+慈善”论坛（第二十讲）。论坛邀请腾讯公益产品经理梁栋作了“互联网+公益”的现状分析；组织了往年“99公益日”优秀项目的策划人员对其经验、做法进行展示分享。重庆市慈善总会副会长况由志，重庆市慈善总会副会长兼秘书长艾永玲，重庆市慈善总会副秘书长兼筹募二部部长、重庆市慈善捐赠服务中心主任杨艳梅，重庆华龙网文化实业有限公司总经理彭发明，各区县慈善会负责人，外地驻渝商会、爱心企业、社会组织代表，志愿者等共260余人参加会议。

2019年5月10日 铜梁区成立“99公益日”活动协调小组，将其纳入年度工作重要内容，纳入了对区内有关单位年度考核的重要指标，召开了“99公益日”活动协调小组会议，区民政局、区教委、区卫健委、区工商联、区融媒体中心、区总工会、团区委、区妇联、区残联、区关工委、区慈善会等单位领导出席会议。

2019年5月9日　重庆市慈善总会邀请忠县、云阳、巫溪等县慈善会在石柱县慈善会举办专题交流培训，为2019年“99公益日”活动进行早准备、早谋划、早部署，石柱全面启动2019年“99公益日”活动。

2019年5月7日　重庆市慈善总会组织25个区县慈善会向市慈善总会申报参加2019年“99公益日”活动，申报的慈善项目41个，拟筹募目标比去年翻了番。

2019年4月29日　云阳县慈善会在县职教中心对全县各乡镇、街道慈善分会主任开展“99公益日”活动业务培训。各乡镇、街道民政办主任（科长）、各慈善分会主任、民政办（科）工作人员和政府购买社会救助服务人员130人参加了培训。

2019年4月8日　重庆市慈善总会副会长况由志率总会相关部室人员，到南川调研互联网募捐工作，为南川开展2019年“99公益日”活动问诊把脉。

2019年3月22日　重庆市慈善总会正式启动2019年互联网募捐工作并举办“互联网+慈善”（第十九讲）分享会和区县慈善工作座谈会。会议围绕新时代志愿服务发展、大病医疗救助基金工作经验交流、“99公益日”募捐工作等多项内容展开，表彰2018年度先进志愿者大队和优秀慈善志愿者。

2019年3月1日　垫江县自主研发“互联网+”社会救助掌上通APP线上救助系统，2019年，全县共收到掌上通社会救助申请201起，审核通过176起，救助金额55万元。

2019年1月14日　在重庆市慈善总会协调下，中国健康管理协会与重庆中铁任之养老产业有限公司合作，围绕全面健康管理试点智慧健康养老，建立信息化、智能化和多层次的居家养老服务体系，试点推进智慧健康养老。

2018年12月20日　重庆市慈善总会召开第四届理事会第五次会议，听取并审议2018年慈善工作报告、财务工作报告、监事会工作报告，研究部署2019年慈善工作。刘光磊会长表示，2019年互联网募捐确保完成1500万元以上；力争2019年基金设立达130支，5年参与“99公益日”活动达600万人次。

2018年12月12日　重庆慈善总会在綦江组织召开“99公益日”工作座谈会，来自南川、涪陵、黔江、渝中等17个区县的相关负责人共聚一堂交流经验，探讨如何更好地开展“99公益日”活动。

2018年12月11日　全市社会组织扶贫和“互联网+”社会扶贫工作推进会召开，交流社会组织扶贫工作经验。会议提出，着力开展志愿扶贫，要组织辖区社会组织，关注社会扶贫公众号，下载社会扶贫APP，从中对接扶贫需求信息和资源，实现精准帮扶。

2018年12月1日　云阳胜利村网站（www.cqslc.com）和微信公众号（天生云阳　美丽胜利）正式建成投用。胜利村网站和微信公众号由帮扶单位重庆市慈善总会出资建设，是全市18个深度贫困镇中较早建成自有网站平台的贫困村。

2018年11月29日　市民政局召开智慧社区智慧养老云平台建设对接会，智慧社区智慧养老云平台采用“1+3+X”总体架构，“1”即：智慧社区云，包括大数据中心、应用聚合平台等；“3”即：开发手机、电脑、电视三种智能终端的应用服务；“X”即：智慧社区云的多个应用。

2018年11月16日 《重庆市慈善总会关于2018年“99公益日”活动情况的通报》发表，9月7日到9日，重庆市慈善总会组织20家区县慈善会、15家社会组织参加腾讯2018年“99公益日”活动，募得善款3098万元，其中，腾讯公益基金会配捐1011万元。据腾讯统计，重庆市慈善总会参与项目的总筹款额和人气指数均跻身于包括国字号在内的全国慈善组织前列，位居省级慈善会第1名。

2018年11月12日 举行“互联网+慈善”论坛（第十八讲）暨重庆市慈善总会志愿者总队结对帮扶秀山隘口镇和云隘村动员会，中国慈济慈善基金会、爱尔眼科等相关单位，对结对帮扶秀山提出各单位的意见和建议，最后由重庆市民政局社工处李云波培训“全国志愿服务信息系统”相关操作流程。

2018年11月12日 重庆市慈善总会举行2018年“99公益日”活动总结表彰会暨“互联网+慈善”论坛（第十七讲），大会宣读了《重庆市慈善总会关于表彰2018年“99公益日”活动先进集体先进个人的决定》，19个先进集体、34名先进个人获得表彰。

2018年9月27日 重庆市慈善总会召开第十届“中华慈善奖”表彰大会精神传达会暨2018年“中华慈善日”、“99公益日”总结表彰会。

2018年9月10日 在当年的云阳县慈善会“99公益日”活动中，“为家延续生命之光”公益项目共募集总额达176.18万元，超过预期目标150万元的18%，其中爱心人士捐赠

121.48万元，获得腾讯公益配捐54.7万元，县慈善会被市慈善总会评为2018年“99公益日”活动先进集体。

2018年9月10日　奉节县慈善会开展的“爱心启航美好生活”2018年99公益慈善项目募捐活动，截至2018年9月9日晚12时，共募集慈善项目款189.3万元，其中获得腾讯基金配捐34.4万元，县内外市民4167人次参加捐款。

2018年“99公益日”区县网络募捐：

永川区慈善总会推出5个公益项目，累计筹款突破600万元，其中：公众捐款394.98万元，腾讯公益配捐资金159.36万元，爱心企业联盟配捐资金45.77万元，参加捐赠网民公众达到10多万人次。

渝中区三天时间共吸引3000余人次参与爱心捐款，筹集善款335655.27元，其中腾讯公益配捐92994.38元，圣佑肛肠医院配捐15751.70元。

綦江区网络募捐319.93万余元，其中网民捐赠226.99万元，腾讯配捐92.94万元，参与捐赠人群超9万人次。

石柱县4万多人次爱心捐助，三个爱心项目筹集善款共316.6896万元，获得腾讯公益配捐共109.7649万元。

巫山县首次参与“99公益日”活动，3天时间共募集善款312.7万元，其中腾讯公益配捐100余万元，网民捐款超2.6万人次。

南川区三天时间共有4.7万余人次参与爱心捐助，为血透患者和残障孩子筹募医疗费207万元，获得腾讯公益和企业配捐共81.1万元，“延续摇曳的生命之火”项目获捐款157.3万元，其中配捐57.3万元，社会公众捐款100.0万元，“为残障孩子撑起蓝天”项目获捐款50.6万元，其中配捐23.8万元，社会公众捐款26.8万元。

2018年9月7日、8日、9日　连续3天，重庆市慈善总会组织参与的“99公益日”活动中，全市慈善组织实现网络募捐总金额3098万元，参与捐赠活动的网民60余万人次，捐赠金额和捐赠人次分别是去年的6倍和10倍，筹款额位居省级慈善会第一名。

2018年9月7日　德瑞基金联合慈善总会、华龙网三方合作，正式启动“互联网+慈善+养老”公益项目，打造养老“时间银行”。

2018年9月4日　由重庆社会救助基金会与民政部认定的慈善组织互联网募捐平台“公益宝”合作，打造的困难群众大病医疗众筹平台正式上线。“互联网+慈善”助力服务更多困难群众，重庆患重大疾病的困难群众可直接在手机上发起求助申请，且该平台不收取任何管理费用。

2018年9月4日　重庆邮电大学、重庆市慈善总会、重庆市慈善捐赠服务中心联合开展的《“互联网+慈善”在重庆的实践与探索》课题研究。该课题将总结近年“互联网+慈善”在重庆的实践经验，提出对策建议，为政府部门决策提供参考，为各级慈善组织提供借鉴，推进慈善募捐形式的创新，促进重庆慈善事业发展。该科研课题已获重庆市社科联审批立项。

2018年8月31日　永川区民政局、永川区文明办、永川区慈善总会共同举办永川区2018年“中华慈善日”和“99公益日”活动动员会，区民政局副局长汪云鸿、区慈善总会会长唐元华、区政协法工委副主任许秀德、团区委副书记车开强、区妇联副主席朱孝娟等领导及60余位来自全区23个镇街和“99公益日”相关项目合作单位的人员参加了会议。

2018年8月30日　云阳县召开全县“99公益日”活动动员培训会。县属部分机关事业单位、人民团体、全县各级各类公办学校、县人民医院、县中医院等单位领导和“99公益日”活动各战队负责人、操作手150人参加了会议。

2018年8月27日　南川区召开全区“99公益日”动员大会。会议由区政府办公室主持，区级机关事业单位、驻南部队、驻南单位、街道（镇、乡）和部分企业参加了会议，区政府副区长到会作了重要讲话，要求全区各级各部门高度重视，分解任务，落实责任，确保筹募目标的完成。

2018年8月26日　綦江区召开2018年“99公益日”助力脱贫攻坚培训会，綦江区慈善会联合区工商联、区民政局、区教委、区扶贫办、区总工会、团区委、区融媒体中心8家单位共同组织几十家区级部门、20个街镇、志愿者团队等开展了全区“99公益日”项目推广和操作培训会。市慈善总会副会长兼秘书长艾永玲，市慈善总会宣传部副部长、互联网募捐办公室主任张龙波、区级各部门负责扶贫工作的分管领导、分管民政或扶贫工作的街镇领导参加此次培训。

2018年8月23日　云阳县召开“99公益日”活动领导小组会议，县人大常委会副主任陈先平、县政府副县长刘新民、县政协副主席张建才以及县委办、县政府办、县委宣传部、县民政局、县教委、县卫生计生委、团县委、县妇联、县电视台、《云阳报》社、县慈善会等县领导和成员单位负责人参加了会议。

2018年8月21日　为了完成2018年“99公益日”募捐1000万元的任务，提升互联网募捐能力，增大助推脱贫攻坚善款的筹募量，重庆市慈善总会在五洲大酒店举行2018年“99公益日”募捐活动第二次实战培训活动，为即将到来的“99公益日”募捐之战做最后的准备。

2018年7月11日　永川区政协副主席、政协关爱基金管委会主任张健，永川区慈善总会会长唐元华以及区政协关爱基金管委会办公室人员、区慈善总会相关工作人员，在永川区政协会议室研究商讨了关于如何开展2018年腾讯“99公益日”活动的会议。

2018年7月2日　重庆市教育发展基金会与华龙网教育频道签订战略合作协议，双方将充分整合现有优势资源，搭建教育公益三网融合新媒体平台“重庆教育公益网”，激发更多市民关注教育公益事业，共同参与解决社会问题，承担社会责任。

2018年6月11日　重庆市慈善总会举行2018年腾讯“99公益日”项目策划和培训会，就如何实现网络募捐1000万元的目标，开展项目策划、申报培训和工作部署。全市各区县慈善会、数十家志愿者组织的负责人和活动实施者参加了策划和培训活动。

2018年6月8日　“互联网+慈善”论坛（第十五讲），重庆市江北区红锦大道63号重庆阳光五洲大酒店开讲。上午一是由南川区慈善会秘书长张龙齐演讲《腾讯“99公益日”方案撰写》；二是永川区慈善会长李开友演讲《腾讯“99公益日”组织募捐方法》；三是綦江区慈善会秘书长李溢莉演讲《如何组织人员参与》；最后由市慈善总会宣传部副部长、募捐办公室主任张龙波作《2018年度腾讯“99公益日”》宣讲。

2018年6月5日　重庆市慈善总会在《重庆慈善》杂志2018年第2期中提出：大力发展“互联网+慈善”创新募捐方式，大力发展“互联网+慈善”是重庆慈善的重点工作。

2018年4月13日　“互联网+慈善”论坛（第十四讲）暨“志愿者增能计划”第九次培训，在华龙网201会议室开讲。一是由中国慈济慈善基金会苏州负责人演讲《慈济的发展之路》；二是由荣道清四川省红十字会秘书长、成都市慈善总会前秘书长演讲《“99公益日”募捐与社区基金建立》。

2018年3月21日　重庆市“互联网+”社会扶贫工作推进会召开，会议的主题是：充分发挥互联网在动员社会力量助推脱贫攻坚方面的作用，加快中国社会扶贫网推广与应用，创新“互联网+”社会扶贫新模式，广泛动员社会力量参与扶贫。

2018年3月16日　重庆市慈善总会、重庆邮电大学作指导，公益宝和重庆市慈善捐赠服务中心联合主办的“互联网+慈善”论坛（第十三讲）暨“公益传播与筹资”培训班举行。

2018年3月16日　重庆市慈善总会和公益宝在渝举行战略合作协议洽谈会，重庆市慈善总会常务副会长陈焕奎与北京厚普聚益科技有限公司（公益宝）董事长龙全录签署战略合作协议书，双方就深入开展“互联网+慈善”区域合作，探索公益慈善可持续发展新模式，构建重庆市区域互联网慈善“新生态”事项达成合作意向。

2018年3月13日　深圳瑞视恒通科技有限公司捐赠的“综合视讯平台”扶贫项目推进会在市慈善总会举行。会议就“综合视讯平台”前期筹备情况进行了交流，现场办公解决存在的问题，并对下一步如何落地和发挥效益进行了安排。

2018年2月28日　重庆市慈善总会在重庆市政协一楼会议厅举行“互联网+慈善”论坛（第十二讲）暨“志愿者增能计划”第七次培训会，旨在探讨如何利用互联网推动社会组织党建，还公布了2018年市慈善总会参与“99公益日”的活动方案。

2018年2月8日　重庆市慈善总会在会议室召开2018年“99公益日”项目洽谈评审会暨第17次“互联网+慈善”工作会议，会上介绍了2017年“99公益日”概况及近三年全国各地开展“99公益日”的简况，总结分析了市慈善总会2017年“99公益日”18个项目，58090人次参与，获得捐款4161251.67元的情况。

2018年2月6日　重庆市慈善总会召开第16次“互联网+慈善”工作会议。会议提出了《重庆市慈善总会2018年“99公益日”工作方案》征求意见稿，并对方案提出了修改完善意见。

2017年12月8日　重庆市慈善总会在市政协一楼会议室举办“互联网+慈善”论坛活动（第十一讲），围绕《“互联网+慈善”时代到来》《关于“99公益日”的后续工作》《南川区“99公益日”募捐工作情况汇报》等主题，跟与会者进行互动交流。

2017年10月24日　市政府颁布《全面放开养老服务市场

提升养老服务质量的实施意见》提出推进“互联网+”养老服务创新，发展智慧健康养老服务，创新居家养老服务模式，推进社区居家养老或综合信息服务平台建设。

2017年10月15日　奉节县慈善会募集、欧庭国际大酒店捐赠的第一批50台扶贫电脑发放到平安、兴隆、康乐、红土、康坪、石岗、甲高等乡镇的50个贫困村，用于该村公共服务办事大厅便民服务。

2017年10月12日　由重庆市慈善总会、华龙网集团指导，重庆市慈善总会志愿者总队、华龙公益网主办，重庆市慈善总会志愿者总队慈善文化大队、重庆南桥书院、重庆华龙网文化实业发展有限责任公司承办的“互联网+慈善”交流会（第十讲）暨“志愿者增能计划”项目启动仪式在华龙网集团多功能厅举行，旨在介绍重庆慈善总会首次参与“99公益日”以及志愿者增能计划等相关情况。

2017年9月10日　秀山慈善会“99公益日”项目“秀山助学济困行动”项目获得线上捐赠97640.74元，企业配捐、腾讯基金配捐等也取得了较好成效。

2017年9月10日　綦江区慈善会与重庆市慈善总会开展了2017年“99公益日”慈善项目，开发了“有福童享，筑梦未来”、“城市管理帮贫济困”两个项目。本次活动是綦江区慈善会“互联网+慈善”活动募集善款的大胆尝试，截至2017年9月14日，有13550人次参与网上捐赠，共募集了249860.03元善款。

2017年9月7日至9日　在腾讯公益发起的第3届全民公益日活动中，重庆市慈善总会首次参与并组织区县慈善会自愿参与，上线网络募捐项目18个，组建爱心捐赠团队百余个，网民捐赠58090人次，捐款4161251.67元。重庆市慈善总会募捐额居省级慈善会第4位，名列参与活动的116家慈善组织第30位。

2017年9月4日　重庆市慈善总会启动“志愿者增能计划”，借助好互联网技术和平台，提升公益志愿者线上筹募能力，提升公益项目线上传播能力，对志愿者进行专业培训。

2017年9月1日　开州区政府办公室发出《2017年中华慈善日活动实施方案的通知》，《通知》要求抓好“慈善两日捐”和“99公益日”活动，为确保本次活动取得良好效果，区政府提出了四条保障措施。

2017年9月1日　南川区召开区“四大家”办公室、区级各部门、驻南部队、驻南单位、乡镇街道、部分知名企业代表参加的“99公益日”募捐活动培训会议，培训会上宣读了《“99公益日”为血透患者筹募医疗费倡议书》，115名参会者当场加入“99公益日”项目爱心使者团队，成为“发起一捐”的劝募人。

2017年8月30日　綦江区慈善会组织20个街镇、区市政局、区团委、志愿者团队等开展了全区“99公益日”项目推广和操作培训会。培训会上，綦江区民政局副局长张晓玲指出“有福童享，筑梦未来”、“城市管理帮贫济困”两项目的筹募工作是该区“互联网+慈善”的大胆尝试，要求各街镇务必高度重视，积极向主要领导、分管领导汇报，广泛动员。

2017年8月10日　重庆华龙网视频播出《寻找善的力量》重庆公益慈善人物系列访谈——况由志：以公益慈善助

推脱贫攻坚，“互联网+慈善”大有可为。

2017年8月10日　经中华慈善总会牵线搭桥，深圳瑞视恒通科技有限公司捐赠1670万元的“综合视讯平台”建设的设备用于重庆市丰都、石柱、云阳信息技术扶贫。平台建成后，对于乡镇政务信息化管理、医疗水平提升、农产品等商务信息发布有重大作用。

2017年7月30日　民政部批准发布《慈善组织互联网公开募捐信息平台基本技术规范》《慈善组织互联网公开募捐信息平台基本管理规范》。

2017年7月4日　梁平区慈善工作会提出，将积极推进“互联网+慈善”网络平台建设，不断壮大社会慈善力量，多形式开展慈善募捐活动，不断扩大慈善救助范围，严格慈善资金管理。

2017年6月30日　重庆市慈善总会、华龙网集团指导，重庆市慈善总会志愿者总队、华龙公益网主办，重庆市慈善总会志愿者总队慈善文化大队、重庆华龙网文化实业发展有限公司承办的“互联网+慈善”论坛（第九讲）——关于“99公益日”的若干问题，旨在探讨互联网背景下在“99公益日”如何筹募善款。重庆市慈善总会副会长艾扬、况由志，总会副会长兼秘书长艾永玲等领导和嘉宾出席了本次论坛。

2017年6月14日　铜梁区慈善捐赠信息平台，通过验收正式上线运行，在全市率先实现了“互联网+慈善”模式，铜梁区慈善捐赠信息平台包括：1. 微信公众号：重庆铜梁慈善（cqtlcs）；2. 重庆市铜梁区慈善信息网：http：//www.cqtlcs.org/。

2017年5月14日　重庆市慈善总会张龙波在《重庆慈善》杂志2017年第2期上撰写《“互联网+慈善”的思考》，对“互联网+慈善”的发展进行了阐述与分析。

2017年4月21日　重庆市慈善总会、华龙网集团指导，重庆市慈善总会志愿者总队、华龙公益网主办，重庆市慈善总会志愿者总队慈善文化大队、重庆南桥书院、重庆华龙网文化实业发展有限责任公司承办的“‘互联网+慈善’论坛（第八讲）——‘互联网+慈善’在重庆”举行。

2017年4月10日　重庆市慈善总会副会长兼秘书长艾永玲率总会宣传部，筹募一、二、三部负责人等8人，参加了成都市慈善总会举办的以“公募基金会的互联网筹资之路”为主题的互联网筹款能力培训会。

2017年4月7日　梁平区召开2017年慈善工作会议，徐勇副区长提出：突出重点、打造亮点，充分发挥“互联网+慈善”的作用，不断壮大社会慈善力量，积极开展多形式慈善募捐活动，不断健全资源信息对接机制，切实加强慈善资金管理。

2017年3月26日　国内首家“互联网+智慧养老”平台落户重庆，孝老安康“互联网+智慧养老”平台发布座谈会在金质花苑酒店三楼大会议厅圆满举行，作为国内首家“互联网+智慧养老”平台，“孝老安康”通过互联网、物联网、服务网三网支撑打造专业的智慧养老服务平台，服务涵盖老年人风险福利保障、老来宝商城、智慧医疗、居家社区智能养老四个重点板块。

2017年2月16日　重庆市慈善总会、华龙网集团指导，重庆市慈善总会志愿者总队、华龙公益网主办，重庆市慈善总会志愿者总队慈善文化大队、重庆南桥书院、重庆华龙网文化实业发展有限公司承办的“‘互联网+慈善’论坛（第七讲）——‘互联网+慈善’大有可为”活动在华龙网集团多功能厅举行，旨在探讨互联网背景下公益慈善的前景和趋势。

2017年2月16日　重庆市慈善总会副会长艾扬一行莅临华龙网参观指导，并与重庆日报报业集团副总裁、华龙网集团党委书记、董事长李斌，华龙网集团总裁、总编辑李春燕就进一步加强合作，共同推动重庆慈善事业可持续性发展进行了深入座谈。

2017年2月15日　让“互联网+公益”回到慈善初心，列为重庆公务员招聘笔试申论热点。

2017年1月　由NGO2.0发起，中国科学技术大学知识管理研究所与NGO2.0执行的《中国公益组织互联网使用与传播能力第五次调研报告》发布，参与调研的公益组织中，重庆（67.13）、浙江（62.74）、上海（60.65）、北京（60.51）的公益组织互联网传播能力最强。

2017年1月15日　重庆市慈善总会通过互联网慈善募捐平台“微慈善”，向社会各界发出定向募捐倡议，为脑胶质瘤患者募捐3000多名网友捐赠的117120元爱心款。

2017年1月　重庆邮电大学经济管理学院罗豪、文添、刘思兰出版论文《“互联网+慈善”研究现状综述》，对慈善组织在互联网时代下面临着转型的需要，以及“互联网+慈善”进行研究。

2017年1月3日　在欧庭国际酒店开业典礼暨捐赠仪式

上，欧庭国际酒店董事长匡永安向奉节县慈善会捐赠了100台办公电脑，价值40余万元。按照捐赠企业的意愿，奉节县慈善会将电脑分别发放到全县贫困乡镇的部分特困村，支持全县精准扶贫工作。

2016年12月20日　重庆市慈善总会、华龙网集团指导，重庆市慈善总会志愿者总队、华龙公益网主办，重庆市慈善总会志愿者总队慈善文化大队、重庆晨报承办的"'互联网+慈善'论坛（第六讲）——重庆市慈善总会微信募捐的应用推广"活动在华龙网集团多功能厅举行，旨在探讨互联网背景下的慈善创新，并介绍重庆市慈善总会微信募捐平台的应用推广，以及公众号、订阅号的应用和推广。

2016年11月21日　重庆市慈善总会联手重庆晨报打造"微慈善"，在重庆市慈善总会开通服务号"重庆慈善总会"直接在微信上进行捐赠，同时开通市慈善总会官方网站的"网上捐赠"栏目进行捐赠。

2016年9月23日　重庆西云实业有限责任公司、重庆市慈善总会志愿者总队、重庆渝州公益事业服务中心三方在市慈善总会签订《合作建设重庆慈善超市框架协议》。市慈善总会副会长况由志、市慈善总会副会长兼秘书长艾永玲出席，市慈善总会"互联网+慈善"课题小组全体成员参加。

2016年9月21日　在南桥书院开展"互联网+慈善"论坛（第五讲）活动，由重庆慈善文化大队陆安培演讲《"互联网+慈善"与金融》。

2016年9月12日　2016年重庆公务员考试申论热点：如何杜绝互联网慈善骗局。

2016年9月10日　重庆市慈善总会志愿者总队启爱大队在南山翡翠御园组织开展了第二期“互联网+慈善公益”论坛。市慈善总会副会长兼秘书长艾永玲出席会议，近百位企业家和志愿者参加活动。

2016年9月6日　重庆首个“互联网+医疗”公益平台邻邻平台正式上线。在平台指定药店、诊所、私立医院看病拿药的患者，可享受全额补贴医药费用，患者每人每月最高补贴金额不超过2000元。

2016年8月15日　共青团重庆市委开发全市首个面向志愿服务官方在线移动综合服务平台“暖青汇”志愿服务APP，在全国率先打造“互联网+志愿服务”首张省级志愿服务导航地图、个人发起志愿招募、团支部数据年度满意度测评、志愿点单、爱心公益集市、志愿拼车行等6项创新功能。

2016年7月4日　重庆市儿童基金会、重庆市福彩中心共同主办的新型慈善项目“第三届儿童救助项目公益创投”通过众筹网开通了社会组织面向公众筹资窗口，截至6月27日，共筹集善款597965元，成功率达91%，8127名社会爱心人士参与到众筹活动中。

2016年6月23日　重庆市慈善总会邀请美国硅谷People-power物联网公司中国区负责人兼合作伙伴谭欣来到江北南桥书院，以“打造以慈善超市为中心的‘慈善阿里’平台”为主题，为前来参加“互联网+慈善”论坛（第四讲）的主城各区及永川、涪陵、南川等慈善机构代表做主题演讲。

2016年6月20日　重庆市慈善总会况由志副会长，在重庆慈善杂志2016年第3期撰写：《慈善法》与“互联网+慈善”，对《慈善法》直接或间接涉及互联网内容进行分析解读。

2016年5月24日　云阳慈善会负责人与正能量交友微信群主、重庆元亨房地产有限责任公司董事长周钢，利用微信群组织捐款46000元，专程到万州三峡中心医院看望慰问建卡贫困户余斌。

2016年5月23日　重庆华岩寺以华岩佛教云端大数据为基础，综合利用现代移动智能终端技术，专门成立了重庆市华岩文教基金会“掌中华岩”佛教慈善APP项目组，推出“掌中华岩”国内首款佛教慈善APP，面向国内外佛友，提供免费、公益的服务。

2016年4月28日　“互联网+慈善”论坛（第三讲）在南桥书院开讲，由重庆市社会科学院城市管理研究所所长许玉明演讲《“互联网+慈善”的重庆实践》。

2016年4月14日　重庆市公益事业发展研究会主办的“互联网+”创新公益重庆公益事业发展交流研讨会在华商国际会议中心举行。

2016年4月5日　渝中区慈善会参与2015年度社团网上年检工作，安排专人负责网上填报、数据录入等，区慈善会网上年检初审已通过。

2016年3月26日　重庆首推志愿活动新模式“互联网+志愿众筹助公益”，重庆首届“团聚爱”青年志愿者花样捐跑活动在长寿湖开跑。100名志愿者通过他们的跑步数和他们线上众筹的跑步数，最终兑换成20500元善款用于志愿服务工作。

2016年3月10日　重庆市慈善总会副会长况由志介绍，

市慈善总会将大力发展“互联网+慈善”，目前成立了“互联网+慈善”工作小组，并开通了三个网络募捐渠道。

2016年3月1日　渝中区慈善会向重庆市第二社会福利院“残疾人电子阅览室”捐赠15台电脑，总价值5万多元，为进一步加强残疾人职业康复特殊教育，发掘其潜能，丰富残疾人的文化生活，落实残疾人“平等、参与、共享”的发展服务理念提供帮助。

2016年2月1日　在南桥书院举办“互联网+慈善”论坛（第二讲），由况吉龙博士演讲《“互联网+慈善”在美国（下）》。

2016年1月（2015年上半年开始）总会接受网络捐赠326笔共40257.42元；开通支付宝公益平台并已发布首个项目——“贫困区县帮扶”，接收捐款12笔共227.04元；开通腾讯公益乐捐平台并与南岸区公安局共同发布了“帮基金帮扶困难群众”项目。

2016年1月10日　重庆市沙坪坝档案局原局长吴红键，通过重庆市慈善总会网站支付宝窗口，向渝东南少数民族地区留守儿童奖学基金捐赠5000元。

2016年1月　共召开五次“互联网+慈善”工作会议，加强了总会网站的支付宝在线捐赠系统管理，在腾讯公益平台建立了乐捐平台项目，开通支付宝服务窗二维码。

2015年12月31日　重庆市政府办公厅印发《重庆市“互联网+”行动计划》。

2015年12月23日下午　重庆市慈善总会志愿者总队慈善文化大队授旗暨“互联网+慈善”论坛开讲仪式开始。第一讲由李昕博士（美国俄克拉荷马大学电子和计算机工程系）演讲《“互联网+慈善”在美国（上）》。

2015年12月23日　重庆市扶贫办围绕精准扶贫脱贫的战略部署，发起历时一个月的“网上村庄”赶年活动，倡导10万市民到贫困村过大年，实现采购1000万元，消费1500万元，推行“互联网+扶贫”。

2015年12月11日、12日　由重庆公益组织联盟牵头，以米公益APP及其上线的公益项目为基础的首届“千万市民做公益”主题公益市集活动正式在重庆江北区观音桥广场开幕。作为本次活动线上线下连接的公益APP，米公益依托其“互联网+”的模式率先在线上刮起了一阵公益风。

2015年10月13日　《市社科规划2015年度项目立项名单》正式公布，《“互联网+慈善”的运作机制与实施策略研究》项目成功立项，项目由重庆市邮电大学颜虹校长作为负责人，市慈善总会况由志、郭荣蓉和重庆邮电大学教授李忆、学生罗豪作为项目主研人，宣传部、筹募部、财务部、办公室等部门全力配合。

2015年10月8日　重庆市委宣传部、重庆市互联网信息办公室、重庆市慈善总会联合主办的2015“我为山区孩子捐电脑”活动捐赠仪式在石柱县悦来小学举行，7个区县8所小学受捐150台爱心电脑。

2015年7月1日　重庆市慈善总会新版官方网站（http：//www.cqcszh.com/）正式运行。该网站是重庆市慈善总会唯一的官方网站。这标志着重庆市慈善总会在信息化建设道路上迈出了坚实的一步。

2015年7月1日　国务院出台《关于积极推进“互联网+”行动的指导意见》（国发〔2015〕40号）。

2015年5月22日　万州区12349居家养老信息服务中心试运行，主要利用互联网、物联网等技术手段，开展紧急呼叫、家政预约、健康咨询、物品代购、服务缴费等服务项目，并根据商家的联系情况，按照各行各业1—2名的服务机构的原则，选取了30多家优先下派工单的服务商网络，为居家老人提供助餐、助浴、助洁、助急、助医等上门服务。

2015年5月　重庆慈善总会成立了“互联网+慈善”工作小组，召开了“互联网+慈善”工作第一次会议，落实了分管领导，建立了工作班子，形成了例会制度。

2015年　开通和应用重庆市慈善总会网站、腾讯公益等互联网募捐平台，3月31日收到第一笔互联网捐款，金额1元。

2015年3月5日　李克强在政府工作报告的工作任务中提出制订“互联网+”行动计划，这是我国行政体系第一次正式提出“互联网+”概念。

2014年11月24日　《国务院关于促进慈善事业健康发展的指导意见》（国发〔2014〕61号），为新中国成立以来第一个以中央政府名义出台的指导、规范和促进慈善事业发展的文件，开启了全国慈善事业发展的新里程。

二、重庆“互联网+慈善”大事记图片

2020年3月27日，重庆市慈善总会召开了互联网募捐推进会

2020年1月10日，重庆市慈善总会、重庆市慈善捐赠服务中心在永川区慈善总会组织召开2020年“99公益日”活动启动片区会议

2019年12月31日，“互联网+公益·助力创新三治一体社会治理新模式”研讨会在重庆华商国际会议中心举行

2019年12月20日，重庆市慈善总会召开第四届理事会第七次会议

2019年12月12日，重庆市慈善总会举行第四届监事会第六次会议

2019年12月5日，秀山县慈善会在亚西酒店多功能会议室召开2019年“99公益日”活动总结表彰会

2019年11月23日，2019重庆第三届网络公益文化节启动

2019年11月1日，重庆市慈善总会举行2019年“99公益日”活动总结表彰会暨“互联网+慈善”论坛（第二十四讲）

2019年9月7日，云阳县慈善会志愿者在重百广场开展“99公益日”宣传和扫码活动

2019年9月11日，綦江区“99公益日”网络募捐突破一千万大关

2019年9月10日，永川区为期三天的“99公益日”募捐活动筹款总额为1538.51万元

2019年9月7日，重庆市慈善总会志愿者总队慈善文化大队“99公益日”在北昌图书馆进行线下募捐活动

2019年9月7日，渝中区慈善会举行“99公益日”——贫困恶性肿瘤患者公益募捐启动仪式

2019年9月3日，万州区2019年腾讯“99公益日”募捐动员暨培训会

2019年8月22日，重庆市慈善总会互联网办公室赴璧山区慈善会举行“99公益日”活动动员暨培训会

2019年7月26日，重庆市慈善总会举办“互联网+慈善”论坛（第二十二讲）

2019年7月11日，重庆市慈善总会、腾讯公益慈善基金会举行合作交流会

2019年7月8日，重庆市慈善总会在世纪金源大饭店举行“互联网+慈善”论坛（第二十一讲）暨“99公益日”促进会

2019年5月20日，“互联网+慈善”论坛（第二十讲）

2019年5月9日，重庆市慈善总会邀请忠县、云阳、巫溪等县慈善会在石柱县慈善会举办“99公益日”活动专题交流培训

2019年3月22日，重庆市慈善总会举办“互联网＋慈善”（第十九讲）分享会和区县慈善工作座谈会

2018年12月12日，重庆慈善总会在綦江组织召开“99公益日”工作座谈会

2018年11月29日，市民政局召开智慧社区智慧养老云平台建设对接会

2018年11月12日，重庆市慈善总会2018年“99公益日”活动总结表彰会暨“互联网+慈善”论坛（第十七讲）

2019年8月26日，綦江区召开2019年“99公益日”助力脱贫攻坚培训会

2018年8月21日，“互联网+慈善”论坛（第十六讲），五洲大酒店

2018年6月11日，重庆市慈善总会举行2018年“腾讯99公益日”项目策划和培训会

2018年6月8日，“互联网+慈善”论坛（第十五讲），重庆市江北区红锦大道63号重庆阳光五洲大酒店

2018年4月13日，“互联网+慈善”论坛（第十四讲）暨“志愿者增能计划”第九次培训，华龙网201会议室

2018年3月21日，重庆市“互联网+社会扶贫”工作推进会召开

2018年3月16日，由公益宝和重庆市慈善总会、重庆市慈善捐赠服务中心联合主办的“互联网+慈善”论坛（第十三讲）在渝举行

2018年3月16日，重庆市慈善总会和公益宝在渝举行战略合作协议洽谈会，签署战略合作协议书

2017年2月28日，“互联网+慈善”论坛（第十二讲）暨“志愿者增能计划”第四次培训，重庆市政协办公厅底楼会议室

2017年12月8日，重庆市慈善总会在市政协一楼会议室举办“互联网+慈善”论坛（第十一讲）活动

2017年10月12日，重庆市慈善总会“互联网＋慈善”交流会（第十讲）

2017年6月23日，慈善法与“互联网+慈善”——“互联网+慈善”论坛（第八讲），两江新区青枫北路18号凤凰A座7楼华龙网多功能厅

2017年2月17日，“互联网＋慈善”论坛（第七讲）

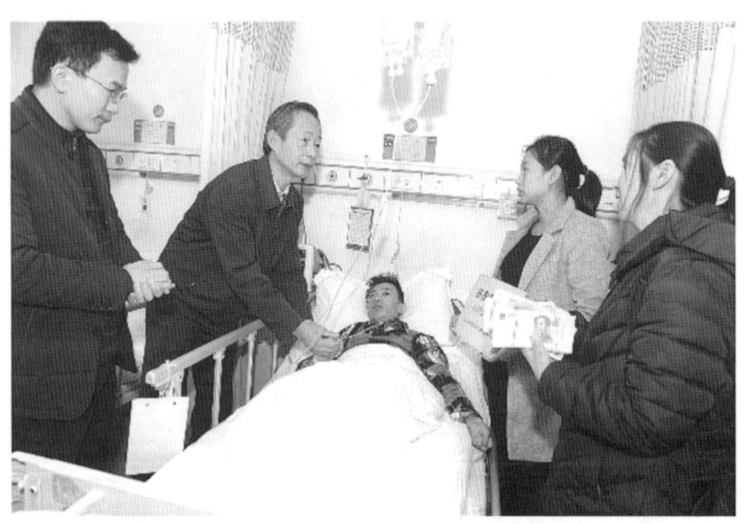

2017年1月15日，“微慈善”平台为脑胶质瘤患者募捐11.7万元

2016年12月22日，“互联网+慈善”论坛（第六讲）：重庆市慈善总会微信募捐的应用推广，两江新区青枫北路18号凤凰A座7楼，华龙网多功能厅

2016年9月21日，在南桥书院开展“互联网+慈善”论坛（第五讲）活动

2016年4月28日，“互联网+慈善”论坛（第三讲）在南桥书院开讲

2015年10月8日，“我为山区孩子捐电脑”活动捐赠仪式

2015 年 7 月 1 日，重庆市慈善总会新版官方网站（http：//www.cqcszh.com/）正式运行

重庆市主要慈善组织名单

表　重庆市主要慈善组织名单

序号	社会组织名称	组织类别	统一信用代码	业务主管单位	慈善领域
1	重庆市慈善总会(公募)	社会团体	51500000504029915Y	市民政局	综合
2	重庆市万州区教育基金会	基金会	53500000582805473Q	市教委	教育
3	重庆市大足区教育发展基金会	基金会	53500000305284614K	市教委	教育
4	重庆基石教育基金会	基金会	53500000322280252F	市教委	教育
5	重庆市巫溪县教育基金会	基金会	53500000327802419B	市教委	教育
6	重庆市儿童医疗救助基金会(公募)	基金会	53500000778469838M	市红十字会	医疗健康
7	重庆市急救医疗救助基金会	基金会	5350000078423711XB	市卫生计生委	医疗健康
8	重庆市阳光公益事业基金会	基金会	53500000305280269L	直接登记	综合
9	重庆市胡晓华川菜文化发展基金会	基金会	535000003224148000	直接登记	文化、艺术和体育
10	重庆市大爱渝商慈善基金会	基金会	53500000358725575R	直接登记	社会救助
11	重庆小树公益基金会	基金会	535000003395720000	直接登记	教育
12	重庆广德公益慈善文化基金会	基金会	535000003587250000	直接登记	慈善行业发展

续表

序号	社会组织名称	组织类别	统一信用代码	业务主管单位	慈善领域
13	重庆市扶贫基金会	基金会	53500000768860403k	市扶贫办	扶贫发展
14	重庆市红十字基金会(公募)	基金会	53500000673379369A	市红十字会	红十字事业
15	重庆市残疾人福利基金会(公募)	基金会	535000006664079000	市残联	残疾人服务
16	重庆市妇女儿童基金会	基金会	53500000688929239B	市妇联	妇女儿童服务
17	重庆市老年事业发展基金会	基金会	535000005590317000	市老龄委办	老年人服务
18	重庆市科普发展基金会	基金会	535000000605345000	市科协	科技研究
19	重庆理工大学教育发展基金会	基金会	535000003459895000	市教委	教育
20	重庆市开州区教育基金会	基金会	535000000598580000	市教委	教育
21	重庆市璧山区教育基金会	基金会	53500000345989977J	市教委	教育
22	重庆市江津区教育基金会	基金会	535000003222415000	市教委	教育
23	重庆儿童救助基金会(公募)	基金会	53500000781580174D	市民政局	妇女儿童服务
24	重庆社会救助基金会	基金会	5350000058148433XM	市民政局	社会救助
25	重庆浙商爱心基金会	基金会	5350000066893716XU	市民政局	综合
26	重庆大德公益基金会	基金会	53500000080199020Y	直接登记	综合
27	重庆市合川区教育基金会	基金会	53500000327741775B	市教委	教育
28	重庆市彭水教育基金会	基金会	53500000597980485D	市教委	教育

续表

序号	社会组织名称	组织类别	统一信用代码	业务主管单位	慈善领域
29	重庆市沙坪坝区教育发展基金会	基金会	535000003316586000	市教委	教育
30	重庆市青少年发展基金会(公募)	基金会	53500000688935874W	团市委	教育
31	重庆市科技发展基金会	基金会	535000005889204000	市科委	科技研究
32	重庆沈铁梅文化发展基金会	基金会	5350000006565059X4	市文联	文化、艺术和体育
33	重庆市温暖基金会	基金会	53500000MJP555123X	市总工会	社会救助
34	重庆邮电大学教育基金会	基金会	5350000006053387XP	市教委	教育
35	重庆市南川区教育基金会	基金会	53500000559034164A	市教委	教育
36	重庆市前进公益基金会	基金会	535000003277763000	直接登记	教育
37	重庆德勤公益基金会	基金会	535000003460126000	直接登记	扶贫发展
38	重庆孤残儿童援助基金会	基金会	53500000778475971L	市民政局	妇女儿童服务
39	重庆市丰都教育奖励扶助基金会	基金会	535000006664158000	市教委	教育
40	重庆缙云山养生慈爱基金会	基金会	53500000666429057E	市民宗委	医疗健康
41	重庆市渝北群团公益基金会	基金会	53500000MJP555166B	渝北区政府	慈善行业发展
42	重庆市法律援助基金会	基金会	535000006635642000	市司法局	法律援助
43	重庆市渝中区教育发展基金会	基金会	53500000MJP557313N	市教委	教育
44	重庆市桃源居社区发展基金会	基金会	53500000304996169X	直接登记	社区发展

续表

序号	社会组织名称	组织类别	统一信用代码	业务主管单位	慈善领域
45	重庆市民泰社区公益事业发展基金会	基金会	53500000327791617C	直接登记	社区发展
46	重庆明天公益基金会	基金会	53500000MJP5572926	直接登记	扶贫发展
47	重庆市民族团结进步促进会	社会团体	51500000563475480L	市民宗委	民族宗教
48	重庆市石柱土家族自治县教育基金会	基金会	53500000MJP555158G	市教委	教育
49	重庆市教育发展基金会	基金会	53500000696595435Y	市教委	教育
50	重庆西南大学教育基金会	基金会	53500000581470608X	市教委	教育
51	重庆市青年创新创业基金会	基金会	535000006992512000	团市委	就业创业
52	重庆金平法学教育基金会	基金会	53500000559047360N	市教委	教育
53	重庆市渝高中学校教育发展基金会	基金会	5350000033162722XA	市教委	教育
54	重庆市巫山县教育基金会	基金会	53500000MJP558172M	市教委	教育
55	重庆市江北区教育基金会	基金会	53500000MJP55514XG	市教委	教育
56	重庆光彩事业基金会	基金会	53500000060517861D	市委统战部	扶贫发展
57	重庆市武隆区扶贫基金会	基金会	53500000057783245D	市扶贫办	扶贫发展
58	重庆市华岩文教基金会	基金会	53500000787480537U	市民宗委	教育
59	重庆裕城公益基金会	基金会	53500000MJP555078W	直接登记	扶贫发展
60	重庆师范大学教育发展基金会	基金会	535000005889007000	重庆市教育委员会	教育

续表

序号	社会组织名称	组织类别	统一信用代码	业务主管单位	慈善领域
61	重庆西南政法大学教育基金会	基金会	535000005967189000	重庆市教育委员会	教育
62	重庆市青年志愿服务基金会	基金会	53500000066162440Y	共青团重庆市委员会	志愿服务
63	重庆市江北群团公益基金会	基金会	53500000MJP554198D	重庆市江北区人民政府	慈善行业发展

备注：截至2018年12月21日，重庆市民政局先后审核9个批次，共认定63家慈善组织。

重庆市人民政府
关于表彰首届重庆慈善奖的通报

渝府发〔2009〕86号

各区县（自治县）人民政府，市政府各部门，有关单位：

为大力倡导扶贫济困、互助友爱的良好风尚，褒扬在赈灾、扶老、助残、济困、助学、助医等慈善公益领域作出突出贡献的单位、个人和项目，市政府决定对获得首届“重庆慈善奖”的重庆市博赛矿业（集团）股份有限公司等十大慈善楷模企业、重庆英利房地产开发有限公司等十大慈善企业、尹明善等十大慈善人物、罗侠等十大爱心人士以及获得慈善特别贡献奖的重庆市工商业联合会、重庆市总商会等单位和项目，予以通报表彰。

希望受到表彰的单位和个人，再接再厉，进一步弘扬慈善精神，为推动我市慈善事业更好更快发展，为构建社会主义和谐社会作出更大的贡献。

附件：首届“重庆慈善奖”获奖名单

二〇〇九年九月七日

首届“重庆慈善奖”获奖名单

一、慈善楷模企业

（一）重庆市博赛矿业（集团）股份有限公司

（二）重庆市电力公司

（三）隆鑫控股有限公司

（四）重庆长安汽车股份有限公司

（五）重庆农村商业银行股份有限公司

（六）重庆华宇物业（集团）有限公司

（七）力帆实业（集团）股份有限公司

（八）重庆水务集团股份有限公司

（九）民生能源集团

二、慈善企业

（一）重庆英利房地产开发有限公司

（二）西南证券股份有限公司

（三）重庆瑞安天地房地产开发有限公司

（四）中国移动通信集团重庆有限公司

（五）重庆南方集团有限公司

（六）宗申产业集团有限公司

（七）重庆中渝物业发展有限公司

（八）重庆贝迪房地产开发有限公司

（九）重庆协信控股（集团）有限公司

（十）重庆环彬房地产开发有限责任公司

三、慈善人物

（一）尹明善　力帆实业（集团）股份有限公司董事长

（二）袁志伦　重庆市博赛矿业（集团）股份有限公司董事长

（三）涂建华　隆鑫控股有限公司董事长

（四）蒋业华　重庆华宇物业（集团）有限公司董事长

（五）薛方全　民生能源集团董事长

（六）胡崇理　重庆中农投资发展有限公司董事长

（七）曹兴平　北城致远集团董事长

（八）张兴海　重庆小康汽车控股有限公司董事长

（九）叶定坎　重庆千叶投资（集团）股份有限公司董事长

四、十大爱心人士

（一）罗　侠　重庆商报社记者

（二）黄启雄　个体工商户、重庆可依可莱时装厂经理

（三）张世文　农民工、志愿者

（四）雍　渝　渝中区工商分局南纪门工商所所长

（五）左继豪　重庆市夕阳红志愿服务大队大队长

（六）龙小平　重庆东宏地产开发有限公司董事长

（七）杨正贵　云阳县杨根码头总经理

（八）吴英杰　重庆光迅实业有限公司董事长

（九）苟浚豪　重庆市沙坪坝区磁器口街道市政监察大队中队长

（十）徐　楠　圣雅菲国际美容连锁机构总经理

五、慈善特别贡献奖

（一）重庆市工商业联合会、重庆市总商会

（二）重庆市福利彩票发行中心

（三）重庆力宏精细化工有限公司

（四）重庆日报报业集团

（五）涪陵区红十字会

（六）奉节县慈善会

（七）渝中区慈善爱心超市项目

（八）重庆商报、重庆市慈善总会托起明天的太阳——“一帮一助学”项目

（九）重庆晚报、重庆市慈善总会“爱心接力”助学项目

（十）重庆市妇联“春蕾计划”项目

主题词：民政　慈善△　表彰　通报

抄送：市委办公厅，市人大常委会办公厅，市政协办公厅，市高法院，市检察院，重庆警备区。

重庆市人民政府办公厅　2009年9月7日印发

重庆市人力资源和社会保障局
重庆市民政局关于表彰2019年
重庆慈善奖获得者的决定

（渝人社发〔2020〕29号）

各区县（自治县）人力社保局、民政局，两江新区组织人事部、社会保障局，重庆高新区政务服务和社会事务中心、重庆高新区公共服务局，万盛经开区人力社保局、民政局：

党的十九大以来，在市委、市政府的坚强领导下，全市慈善组织、爱心企业和爱心个人切实把习近平总书记关于慈善事业的重要指示牢记于心、践之于行，为困难群众奉献爱心，积极助力脱贫攻坚，引领社会向上向善，推进社会和谐发展。为表彰先进，树立典型，进一步激发全社会参与慈善、践行慈善的热情，市人力社保局、市民政局决定对在2017年至2019年期间，为我市慈善事业发展作出突出贡献的企业、个人、慈善组织和优秀慈善项目（慈善信托）予以表彰。

希望受到表彰的企业、个人和慈善组织珍惜荣誉，再接再厉，在推动我市慈善事业发展中继续发挥模范带头作用，再创佳绩，再立新功。希望全市社会各界向重庆慈善奖获得者学习，积极投身慈善事业，奉献爱心、践行善举，为决胜脱贫攻坚战、全面建成小康社会，实现中华民族伟大复兴的中国梦而努力奋斗。

附件：重庆慈善奖表彰名单

重庆市人力资源和社会保障局

重庆市民政局

2020年4月15日

重庆慈善奖表彰名单

一、重庆慈善奖慈善楷模（集体5个）

重庆市慈善总会

重庆市教育发展基金会

重庆市扶贫基金会

重庆市残疾人福利基金会

重庆市妇女儿童基金会

二、重庆慈善奖慈善楷模（个人8名）

严　琦　重庆陶然居饮食文化（集团）股份有限公司董事长

薛方全　民生能源集团董事长、总裁

骆科盛　重庆市公安局九龙坡区分局铝城治安支队政委

王金山　重庆金山科技（集团）有限公司董事长

李秋华　重庆市九龙坡区黄桷坪新市场社区居民，企业退休人员

贾紫焰　重庆市南岸区峡口镇大田村村民

唐　芳　重庆市大足区中敖镇明月村村民

吴　睫　重庆昭信教育科技集团有限公司党支部书记、

董事长

三、重庆慈善奖慈善项目和慈善信托

“男生女生”儿童防性侵教育项目（重庆儿童救助基金会）

重庆市少数民族青年才俊成长工程（重庆市民族团结进步促进会）

“雨露工程”助学项目（重庆市扶贫开发协会）

渝东南少数民族地区脱贫攻坚助推综合项目（重庆市慈善总会）

“阳光与花儿”服刑人员、教育矫治人员未成年子女法律援助项目（重庆市法律援助基金会）

“健康扶贫·光明助困”项目（重庆爱尔麦格眼科医院）

政协关爱基金“扶智助学”项目（永川区慈善会）

重庆信托·隘口镇扶贫济困慈善信托（重庆国际信托股份有限公司）

“解救枷锁·让爱回家”项目（綦江区慈善会）

“重庆市慈善总会助浴快车”项目（重庆市慈善总会）

扶贫安居温馨援建（重庆社会救助基金会）

融爱于心　汇爱成行（重庆融汇地产〔集团〕有限公司）

青春再出发——涉案未成年人帮教与维权公益项目（重庆明天公益基金会）

新华信托·华恩1号教育扶贫慈善信托（新华信托股份有限公司）

德勤成长陪伴计划（重庆德勤公益基金会）

四、重庆慈善奖捐赠企业

万科（重庆）企业有限公司

重庆市迪马实业股份有限公司

重庆市中科控股有限公司

重庆龙湖企业拓展有限公司

五、重庆慈善奖捐赠个人

尹兴明　重庆钰鑫实业集团有限责任公司董事长

陈大远　重庆市热浪科技有限公司董事长

杨友进　重庆市黔江区白石乡玉岩村6组村民、个体户

陶文德　重庆警备区离职干部休养所离休干部

聂金培　重庆国梁建设（集团）有限公司总经理

后记

本书的构思和研究历程始自2020年初，面对社会治理局面的新情况、慈善事业发展的新特征，团队想通过研究“为时代发声、为历史留痕”，在实地调研面临种种不便的情况下开启了有别于以往的艰难探索。付梓之际，除了些许欣喜，更多的是满满的感谢。

感谢研究立项方的大力支持。本书作为2020年度重庆市民政局和重庆市慈善总会委托课题的最终成果，全国基层政权与社区建设专家委员会专家委员、中共重庆市委党校（重庆行政学院）应急管理培训中心主任谢菊教授作为课题主持人，得到了上述部门的全程支持。

感谢研究团队的高效配合。本书共计七章，来自重庆市委党校、重庆医科大学、重庆机电职业技术大学、重庆万众科技公益发展促进中心、重庆市慈善总会等单位的专家学者和慈善行业的一线实践者分别承担了相关部分的研究任务。课题研究团队的主要成员包括：重庆市慈善总会副会长况由志，总会常务副秘书长、重庆市慈善捐赠服务中心主任杨艳梅，重庆医科大学护理学院讲师、博士谢世麒，重庆机电职业技术大学工商管理学院讲师、博士研究生徐茂然，市慈善总会副秘书长、筹募二部部长张龙波，市慈善总会志愿者总队总队长翁顺春，市慈善总会筹募一部副部长何魏宏，市慈善总会筹募二部副部长陆安培。

感谢相关实际部门提供的调研机会和经验分享。在研究过程中，依托相关实际部门的决策咨询需求，为本研究的丰富、深化提供了大量的一线经验与实地调研。包括但不限于：重庆市民政局“社会组织参与基层治理创新系列调研”、重庆市慈善总会“互联网+慈善专题调研”，还有重庆市沙坪坝区政协“基层治理创新与‘三治融合’调研”、江北区“党建引领小区物业纠纷矛盾化解调研”、乐山市沙湾区“‘村企共建’助推社会治理专题调研”，以及重庆市九龙坡区、南岸区、沙坪坝区“十四五社会治理规划专项调研”，等等。调研中收获了鲜活的社会治理实践，看到了慈善事业在其中的可能空间与可行路径，在此深表感谢。

感谢业内领导、专家对本书的指导。在课题研究过程中，重庆市慈善总会的领导、重庆市慈善捐赠服务中心等相关处室负责人对本研究提出了重要的研究建议。本书的内容框架、逻辑结构的设计和统稿修订由谢菊、谢世麒负责。在此，我们一并表示诚挚的感谢！

课题组

2022年8月23日